Mitten im
Arbeitsleben

Auf Erfolgskurs

Jochen Walter   Dieter Basener (Hg.)

Mitten im Arbeitsleben

Werkstätten auf dem Weg zur Inklusion

53° NORD

53 ° Nord steht für ein praxisorientiertes Publikationsangebot zur beruflichen Teilhabe von Menschen mit Behinderungen. Gleichzeitig schaffen Agentur und Verlag Arbeitsplätze für diesen Personenkreis.
Wir wollen mit unseren Büchern und Medien Fachwissen und Alltags-Know-how verständlich verbinden, bewährte Ansätze und Konzepte bekannter machen und neue, zukunftsweisende Ideen vorstellen.
Für all das steht auch der Titel dieser Buch-Reihe *Auf Erfolgskurs*.

Bibliografische Information Der Deutschen Nationalbibliothek
Die Deutsche Nationalbibliothek verzeichnet diese Publikation in der Deutschen Nationalbibliografie; detaillierte bibliografische Daten sind im Internet über http://dnb.d-nb.de abrufbar.

53° Nord Agentur und Verlag
Ein Geschäftsbereich der Elbe-Werkstätten GmbH
Behringstraße 16a
22765 Hamburg
040/414 37 59 87
info@53grad-nord.com
www.53grad-nord.com

2. Auflage 2012

© 53° Nord Agentur und Verlag, 2010
ISBN 978-3-9812235-4-5
Lektorat und Koordination: Hartwig Hansen, Hamburg
Fotos: von den beschriebenen Projekten und von Axel Nordmeier, Reinbek
Lithografie: ReproTechnik Ronald Fromme, Hamburg
Druck und Bindung: druckwerk der Brücke Neumünster gGmbH

Inhalt

Werkstätten auf dem Weg zur Inklusion

Zur Einführung

In der Bundesrepublik Deutschland gibt es rund 700 anerkannte Werkstätten für behinderte Menschen (WfbM) mit insgesamt mehr als 2300 Betriebsstätten. Hier arbeiten 280 000 behinderte Beschäftigte, die von rund 40 000 Fachkräften unterstützt werden. Der Gesamtumsatz aller Werkstätten wird auf zwei Milliarden Euro geschätzt. WfbM sind somit einerseits ein bedeutender Wirtschaftsfaktor, andererseits stellt sich die Frage, wie einigen hunderttausend behinderten Menschen ein möglichst »normales«, erfülltes Arbeitsleben ermöglicht werden kann.

Dieses Buch wendet sich an alle Führungskräfte und Mitarbeiter von Werkstätten für behinderte Menschen, die tagtäglich damit beschäftigt sind, ihre Beschäftigten auf geeigneten Arbeitsplätzen zu fördern. Es richtet sich zugleich an das Umfeld von Werkstätten sowie an Entscheidungsträger in Politik, Sozialverwaltung und Verbänden.

In dieser Einleitung, in den dann folgenden zwölf Praxisbeiträgen sowie im Rahmen des Round-Table-Gesprächs am Schluss des Buches wird beleuchtet, was das sogenannte Inklusionsparadigma für die Konzepte und die praktische Arbeit von Werkstätten bedeutet und wie sie sich den damit verbundenen zukünftigen Herausforderungen stellen können.

Inklusion und Integration

Angesichts der fast exponentiellen Zunahme des Begriffs »Inklusion« in der Debatte um die Zukunft der Behindertenhilfe und auch der Werkstätten für behinderte Menschen stellen sich zentrale Fragen: Bringt Inklusion Menschen mit Behinderung wirklich mehr Teilhabe und Emanzipation? Führt ein Weg von der Integration zur Inklusion im Sinne eines echten Paradigmenwechsels oder handelt es sich bei dem Begriff »Inklusion« eher um einen Etikettenschwindel?

Um sich diesen Fragen und ihrer Beantwortung zu nähern, ist es notwendig, sich noch einmal kurz zu vergegenwärtigen, was »Integration« bedeutet: Integration ist – ganz allgemein gesprochen – die Eingliederung behinderter Menschen in die sozialen Systeme Nicht-Behinderter. Durch unterschiedliche Hilfen und entsprechende Förderung sollen behinderte Menschen – möglichst unabhängig von Art und Schwere ihrer Behinderung – in allen Lebensbereichen mit nicht behinderten Menschen zusammen leben und zusammen handeln können auf der Grundlage möglichst gleicher Zutritts- und Teilhabechancen. Einerseits hat Integration – verstanden als Grundrecht bzw. Bürgerrechtsansatz – dem heutigen Verständnis von Inklusion von Beginn an weitgehend entsprochen. Andererseits hat Integration häufig auch den Aspekt der Angleichung und Anpassung des Besonderen oder des Andersseins an das bestehende Normgefüge.

Nicht zuletzt aber geht vielen Betroffenen und ihren Verbänden die bisher erfolgte real existierende Integration behinderter Menschen nicht weit genug, und dies hat die Diskussionen über die Wirksamkeit des Integrationsparadigmas mit ausgelöst. Unzufriedenheit, beispielsweise mit dem niedrigen Anteil behinderter Kinder an Regelschulen oder mit der deutlich höheren Arbeitslosigkeit schwerbehinderter Menschen als im Durchschnitt, führte zu der Frage, ob Integration als Konzept wirklich das gewünschte Ziel erreichen kann. Inklusion stellt nun in Aussicht, die Schwächen der Integrationspraxis zu überwinden und insbesondere fundamentale sozial- und bildungspolitische Erneuerungen rascher erreichen zu können als Integration. Inklusion bringt das Ideal zum Ausdruck, dass alle Menschen mit ihrer jeweiligen Individualität gleichberechtigt und gleichwertig in einer Gesellschaft zusammenleben. Anstelle einer Normalisierung durch die Anpassung von Menschen mit Behinderung an »normale« Lebensumstände fordert Inklusion den Umbau der sozialen Umwelt, die zwar Unterschiede und Abweichungen bewusst wahrnimmt, sie aber in ihrer Bedeutung idealerweise aufhebt oder realistischerweise zumindest einschränkt.

Wir erleben in der aktuellen Debatte gerade ein heftiges Begriffswirrwarr. Derzeit wird selbst in Fachkreisen einfach »Integration« durch »Inklusion« ausgetauscht. Alles, was bisher integrativ war, ist auf einmal inklusiv. Oft wird auch einfach zwischen beiden Begriffen munter hin- und hergewechselt.

Offensichtlich ist – zumindest für die nächsten paar Jahre – ein pragmatisches Verständnis dieses Begriffspaares zielführend, nämlich Inklusion zunächst einmal als optimierte und erweiterte Integration zu begreifen.

Inklusion ist also Ausdruck einer Vision von einer Gesellschaft, die es gar nicht erst zur Ausgrenzung kommen lässt. Solange jedoch Ausgrenzung oder Aussonderung stattfindet, sind Integrationsbemühungen zwingend notwendig und damit auch die Verwendung des Begriffs Integration nach wie vor angebracht und legitim. Integration wäre demnach eine notwendige Vorstufe bzw. Voraussetzung für ein umfassendes Inklusionsverständnis. Uns werden also auf absehbare längere Zeit immer wieder beide Begriffe begegnen. Vom weiteren Verlauf real existierender Integrationserfolge (und nicht nur der Sonntagsreden hierzu) hängt auch ab, ob wir der Vision einer inklusiven Gesellschaft überhaupt näher kommen können. Es ist im Übrigen nicht auszuschließen, dass sich nicht der Begriff Integration langsam von selbst erledigt, sondern vielmehr der Begriff Inklusion irgendwann wieder von der Bildfläche verschwindet, quasi als resignativer Ausdruck, dass in Sachen Inklusion trotz ratifizierter UN-Konvention so gut wie gar nichts vorangegangen ist.

Wer sich in diesen Monaten im Jahr 2010 umschaut in den Bundesländern und Sozialverwaltungen, bei den Kostenträgern und Kommunen, der spürt häufig, dass politischer Wille oder politische Sonntagsreden einerseits und reales Verwaltungshandeln vor Ort und in der täglichen Praxis andererseits nicht selten sehr weit auseinanderklaffen. Auch angesichts drastischer Sparmaßnahmen – und damit sind nicht nur die offiziell von der Politik beschlossenen gemeint, sondern vor allem auch die im täglichen Verwaltungshandeln faktisch getätigten – muss sich erst noch zeigen, ob die Vision einer inklusiven Gesellschaft die Folgen der Finanz- und Wirtschaftskrise schadlos überstehen wird.

Inklusion und »Einrichtungen«

Im Zuge der Inklusionsdebatte wird nicht selten die Frage aufgeworfen, ob Einrichtungen der Behindertenhilfe – insbesondere »Großeinrichtungen« – mittelfristig überhaupt noch eine Existenzberechtigung haben. Ich meine ja, denn,

- solange die meisten Regelschulen gerade mal ein bis zwei schwerbehinderte Kinder – wenn überhaupt – aufnehmen (können oder wollen),
- solange die meisten Betriebe – aus welchen Gründen auch immer – eben keine bzw. kaum schwerbehinderte Menschen einstellen und
- solange es kaum dezentrale bzw. gemeindenahe Assistenzangebote rund um Wohnen und Freizeit gibt,

solange sind die Träger der Behindertenhilfe gefordert, Brücken in die Gesellschaft zu bauen, um die Integration behinderter Menschen zu ermöglichen.

Diejenigen, die genau wissen, dass Schulen, Arbeitswelt oder Kommunen in absehbarer Zeit noch nicht so weit sein werden und dennoch – direkt oder indirekt – für eine Abschaffung von Einrichtungen der Behindertenhilfe plädieren, kommen fast daher wie »Inklusionsscheinheilige«. Sie nehmen bewusst in Kauf, dass sich die Lern-, Arbeits- und Lebensbedingungen der betroffenen Menschen mit Behinderung drastisch verschlechtern würden.

Aber es gibt auch das andere Extrem, nämlich die »Einrichtungsscheinheiligen«, die die Exklusivität ihrer Einrichtungen am liebsten als »Geschlossene Veranstaltung« erhalten würden und dies zuweilen mit Argumenten, die vorgeben, sie würden im Interesse behinderter Menschen sein. Es gibt sie nämlich immer noch:

- Einrichtungen, die sich auf einem räumlich abgegrenzten Zentralgelände, außerhalb von Städten und Dörfern, befinden,
- Einrichtungen mit Gebäuden wie die Landeskrankenhäuser des vorletz-

ten Jahrhunderts – mit langen Gängen und hohen Fluren – weit weg von »normalen Wohnsituationen«,

– Einrichtungen mit Rund-um-Versorgung auf dem Gelände, sodass man gar nicht herausgehen muss – sogar der Friseur und der Zahnarzt sind vor Ort. Exklusive Freizeitangebote nur für die »Betreuten« anstelle einer Vernetzung mit der Gemeinde komplettieren die Vollversorgung.

Der Weg in Richtung Inklusion bedeutet sicherlich nicht, dass es keine Einrichtungen mehr geben wird. Es wird in zehn oder zwanzig Jahren nach wie vor viele behinderte Menschen geben, die beispielsweise in einer Förderschule, einer Werkstatt oder einem Wohnheim lernen, arbeiten oder wohnen möchten. Allerdings werden Träger von Einrichtungen zukünftig flexiblere Angebotsformen entwickeln müssen, denn Leistungen werden verstärkt ambulant, verstärkt modular und verstärkt in Form von individuellen Assistenzleistungen nachgefragt – das ist heute bereits absehbar.

Inklusion und die Zukunft der WfbM

Die in den letzten Jahren geführte Debatte über die Frage, wie hoch die Integrationsquote, also der Anteil der Vermittlung von Werkstattbeschäftigten in den sogenannten allgemeinen Arbeitsmarkt, realistischerweise sein sollte, ist mittlerweile wieder abgeflaut. Sie war möglicherweise auch nicht immer zielführend. Laut einer allgemein anerkannten Studie beträgt die Integrationsquote um die 0,2 %, was insbesondere von Politik und Sozialverwaltung als deutlich zu niedrig erachtet wird. Einmal angenommen, die Werkstätten würden sich in Bezug auf die Vermittlung in den sogenannten allgemeinen Arbeitsmarkt deutlich professionalisieren (auch weil die Anreize besser gesetzt würden) und es würde der Politik gelingen, den Übergang für Werkstattbeschäftigte insbesondere unter sozialversicherungsrechtlichen Aspekten rechtssicher und risikoarm vollziehbar zu gestalten, und es würde daraus – optimistischerweise angenommen – eine Verzwanzigfachung der Vermittlungsquote resultieren, dann wären jedoch immer noch 96 % bzw. knapp 270 000 Beschäftigte im System bzw. in einer WfbM.

Es muss also der Fehler vermieden werden, zukünftige Reformvorhaben *nur* auf die vermeintlichen etwa 4 % der Werkstattbeschäftigten abzustellen. Es stellt sich nämlich auch für die »restlichen« etwa 96 % die Frage nach einem inklusiven Arbeitsmarkt. Eine politische Stoßrichtung, die zwar einigen tausend Werkstattbeschäftigten den Weg aus der WfbM ermöglicht und den weit über 250 000 Verbleibenden noch stärker als bisher den Status »Sondereinrichtung« überstülpt, wäre exklusiv, nicht inklusiv.

Notwendig scheint viel mehr eine Öffnung der Werkstätten durch Öffnung ihrer Angebote und ihre Entwicklung stärker in die Mitte der Gesellschaft (Stichwort: »Umkehrung der Verhältnisse«). So wie sich heute beispielsweise schon Förderschulen und -kindergärten für behinderte Kinder auch für nicht-behinderte Kinder geöffnet haben und gemeinsames Lernen realisieren, so stellt sich heute auch die Frage einer weiteren Öffnung der Werkstätten.

Was bedeutet das? Damit WfbM auch für ihre Kernzielgruppe und nicht nur für die möglicherweise vermittelbaren 4 % Integration verwirklichen können, muss Werkstatt möglichst ihren Charakter als Sondereinrichtung verlieren. Sie müsste zukünftig als regionales »Bildungs- und Kompetenzzentrum für berufliche Teilhabe« bzw. als »Kompentenzzentrum für angepasste Arbeit« fungieren. Dies könnte unter anderem bedeuten:

– Die Werkstatt hält modulare Angebote zur beruflichen Bildung und Berufsförderung für unterschiedliche Zielgruppen, z.B. auch für junge Menschen mit Vermittlungshemmnissen oder für ältere Arbeitnehmer oder für Personen aus dem Rechtskreis des SGB II bzw. SGB III, vor.
– Die Werkstatt ist vernetzt mit den Regelstrukturen des regionalen beruflichen Bildungswesens.
– Sie ist eingebunden in die regionale Sozialplanung und »Sozialraumorientierung«.
– Die Gemeinde nutzt regelmäßig die WfbM-Infrastruktur, die WfbM nutzt regelmäßig die kommunale Infrastruktur.
– Die Gründung neuer Werkstätten bzw. neuer Zweigstellen ist auch unter dem Dach eines Betriebes bzw. im Verbund mit einem Unternehmen unkompliziert möglich.

Insgesamt muss es darum gehen, die Grenzen zwischen »normaler Arbeitswelt« und »besonderer Arbeitswelt WfbM« deutlich fließender zu gestalten. Das Konzept der Werkstatt darf nicht fixiert sein auf die Räumlichkeiten oder das Gebäude eines Trägers. Es gibt nämlich neben der Vermittlung auf den sogenannten allgemeinen Arbeitsmarkt weitere Wege zur Integration. Zahlreiche Beispiele gibt es hierfür bereits heute: Werkstätten öffnen ihre Kantinen für das gewerbliche Umfeld oder für naheliegende Schulen und Kindergärten, Event-Catering ist ein Betätigungsfeld nicht weniger WfbM, Lebensmittelmärkte oder Cafés mitten in der Stadt werden von behinderten Werkstattbeschäftigten betrieben, das Betreiben einer Eissporthalle oder eines Schwimmbades, eines Reitstalls, ja sogar eines Tierparks bzw. Streichelzoos – all das machen Werkstätten heute schon und die Liste ließe sich lange fortsetzen (siehe auch die folgenden Praxisbeiträge in diesem Buch).

Viele Geschäftsfelder im Dienstleistungsbereich ermöglichen Kontakte zwischen Menschen mit Behinderung und ihrem sozialen Umfeld. Daher sollte die individuelle Integration, also die Einzelvermittlung auf einen Arbeitsplatz außerhalb der Werkstatt nicht verabsolutiert werden. Auch die täglich gelebte Kunden-Lieferanten-Beziehung der Werkstätten ist nicht nur in ökonomischer Hinsicht ein integratives Moment, diese Beziehungen sind *auch* soziale Teilhabe und eine gelebte Form der Integration Tag für Tag.

In Werkstätten wird gesellschaftlich anerkannte Arbeit verrichtet. Ob als Zulieferer für die Automobilindustrie oder als Dienstleister für Banken bei der Abwicklung des Zahlungsverkehrs – Werkstätten haben intensive Kontakte in die Wirtschaftswelt, und ihre Beschäftigten sind oft sehr nah an der »normalen« Arbeitswelt bzw. ganz eng mit ihr verbunden. Wenn die beteiligten Akteure Werkstätten tendenziell weiter »ent-institutionalisieren«, also ihre Aufgaben personenzentriert weiter entwickeln und prinzipiell – nicht in jedem Fall, aber grundsätzlich – ortsunabhängig machen (»Werkstatt als Konzept«), dann können Menschen mit und ohne Behinderung immer enger zusammenarbeiten, sodass die Grenzen zwischen »drinnen« und »draußen« immer fließender werden.

Um diesem Verständnis von Werkstattarbeit zum Durchbruch zu verhelfen, bedarf es einer Weiterentwicklung des Werkstattrechts hin zu mehr Flexibilität, wie beispielsweise:

- Die bestehende Mindestgröße für die Anerkennung als Werkstatt muss entfallen, sonst sind Kooperationsmodelle mit Unternehmen kaum möglich.
- Das Einzugsgebiet einer Werkstatt darf künftig nicht mehr auf den Landkreis beschränkt, sondern muss bedingt sein durch das Wunsch- und Wahlrecht der behinderten Menschen bzw. durch das Profil und die Kernkompetenzen der jeweiligen Werkstatt.
- Modulare Leistungen der WfbM müssen auch über das Persönliche Budget in Anspruch genommen werden können.
- Werkstattbeschäftigte können sowohl arbeitnehmerähnlichen Status als auch Arbeitnehmerstatus haben (dies ist übrigens bereits heute gesetzlich so geregelt, wird jedoch in der Praxis zumeist ignoriert).
- Die sogenannte Virtuelle Werkstatt muss auch als Einzellösung ohne die Anbindung an eine bestehende Werkstatt möglich sein.

Letztlich ginge es in dieser Sichtweise darum, die Werkstatt zu einem wirtschaftsnahen Arbeitsmarkt-Dienstleister zu entwickeln, um deren Kernkompetenz – nämlich die berufliche Bildung und Förderung behinderter Menschen – sich viele synergetische Kompetenzen ranken können. Davon würden sowohl die behinderten Werkstattbeschäftigten als auch andere Personengruppen profitieren, die dann die Dienstleistungen der Werkstätten in Anspruch nehmen könnten, als auch die öffentliche Hand, da wir es hier mit einer erheblichen Effizienzsteigerung in der Berufsförderung insgesamt zu tun hätten.

Zu den Beiträgen dieses Buches

Um zu zeigen, welche Wege für Werkstätten in Richtung Inklusion möglich sind, haben wir für dieses Buch zwölf Praxisbeispiele ausgewählt. Die Praxisbeiträge zeigen, dass es viele verschiedene Ansätze gibt, um die Integration der Werkstattbeschäftigten in »die ganz normale Arbeitswelt« voranzubringen. Es sind einerseits wirklich nur Beispiele, die stellvertretend für eine Fülle weiterer Aktivitäten von Werkstatt-Trägern in dieser Richtung stehen, andererseits sollen diese Beispiele andere Träger ermutigen, die derzeit noch über eine Öffnung ihrer WfbM nachdenken. Die Beiträge stehen natürlich nicht repräsentativ für die Werkstättenszene, jedoch haben wir bei der Auswahl darauf geachtet, dass – trotz Mischformen und Überschneidungen – möglichst eine große Bandbreite der unterschiedlichen Ansätze, die wir derzeit im Werkstattalltag sehen, beispielhaft dargestellt wird.

Die Praxisbeispiele lassen sich nämlich hinsichtlich ihrer »Integrationsaktivitäten« grob einteilen wie folgt:

1. *»Werkstätten lassen vermitteln«*: Hier kooperieren WfbM ganz eng mit professionellen Vermittlungs-Dienstleistern, die sie häufig selbst begründet haben und / oder – beispielsweise auch mit anderen WfbM gemeinsam – betreiben. Diese Dienstleister versuchen nach vorgeschalteten intensiven Arbeitstrainings die Werkstattbeschäftigten auf den sogenannten ersten Arbeitsmarkt zu vermitteln und betreuen sie dort in der Regel weiter. Hierzu gehören ACCESS Erlangen (S. 18) und Perspektiva in Fulda (S. 36).

2. *»Werkstattbeschäftigte in sozialversicherungspflichtigen Beschäftigungsverhältnissen«*: Entweder die WfbM selbst oder die vom Werkstatt-Träger betriebene Integrationsfirma schließt mit den Werkstattbeschäftigten einen »richtigen« Arbeitsvertrag zu tariflichen Bedingungen. Die behinderten Menschen arbeiten häufig auf einem sogenannten Außenarbeitsplatz (also bei einem Firmenkunden zusammen mit dessen Mitarbeitern) oder in der WfbM beziehungsweise Integrationsfirma selbst und werden in der Regel marktüblich vergütet. Hierzu gehören Mosaik-Services Berlin (S. 49) und die Besondere Werkstatt der Pfennigparade München (S. 64).

3. *»Die Werkstatt als arbeitsmarktpolitischer Dienstleister«*: Die WfbM bzw. ihr Träger öffnet sich in Richtung Bildungs- und Fördermaßnahmen sowie Arbeits- und Beschäftigungsangebote für (in der Regel nicht behinder-

te) Menschen mit Vermittlungshemmnissen bzw. Abstand zum Arbeitsmarkt. Werkstattbeschäftigte und Teilnehmer der vorgenannten Maßnahmen lernen und arbeiten großenteils gemeinsam entsprechend ihrer Leistungsfähigkeit. Hierzu gehört das Kompetenzzentrum Arbeit der Stiftung Haus Lindenhof in Schwäbisch Gmünd (S. 81).

4. *»Werkstätten suchen Betriebe als Beschäftigungsgeber«:* Im Rahmen ihres »Werkstattvertrages« (arbeitnehmerähnliches Beschäftigungsverhältnis mit der WfbM) arbeiten die Werkstattbeschäftigten auf sogenannte Außenarbeitsplätzen in Betrieben des Sozialraums, in der die WfbM agiert, werden von der Werkstatt intensiv begleitet und sind häufig sehr gut integriert in die Arbeitsteams der beschäftigungsgebenden Firmen. Hierzu gehören die Virtuelle Werkstatt Saarbrücken (S. 95) und »INTEGRA *Mensch*« in Bayreuth und Kulmbach (S. 107).

5. *»Berufsbildung in Zusammenarbeit mit einem oder mehreren Unternehmen«:* Jede Werkstatt hat einen sogenannten Berufsbildungsbereich, in dem die Werkstattbeschäftigten umfassende berufliche und persönliche Bildung für ihr späteres Arbeitsleben erfahren. Immer mehr Werkstätten gestalten die berufliche Bildung im Hinblick auf die Abschlussprüfung für einen anerkannten (Helfer-)Beruf und / oder im Hinblick auf einen möglichen Einsatz in einem »richtigen« Unternehmen. Hierzu kooperieren sie zunehmend mit Unternehmen und / oder mit »normalen« Berufsschulen. Beispiele dafür sind das Projekt eRnst der Berliner Werkstatt für Behinderte (S. 121), Jobvision der Elbe-Werkstätten in Hamburg (S. 137) und das WfbM-Projekt »Alltagshelfer« in Braunschweig (S. 147).

6. *»Kunden- und Alltagskontakte im Sozialraum«:* Werkstätten betreiben integrative Projekte im Sozialraum (z.B. Cafés / Restaurants / Hotels, Theater, Läden, Reiterhöfe u.v.m.), in denen die Werkstattbeschäftigten Tag für Tag real gefordert sind, um ihrem Betrieb zum Erfolg zu verhelfen. Zugleich haben sie täglich im Regelfall zig Kunden- und Alltagskontakte zu den Men-

schen in der Region und stehen so mitten im (Arbeits-)Leben. Hierzu gehören das Projekt »Gast Hof Grün« der GPE Mainz (S. 159) und das Theaterprojekt Thikwa der Nordberliner Werkgemeinschaft (S. 172).

Den Abschluss des Buchs bildet ein Round-Table-Gespräch mit den Geschäftsführern der Bundesarbeitsgemeinschaft der Werkstätten für behinderte Menschen, der Bundesarbeitsgemeinschaft Integrationsfirmen und der Bundesarbeitsgemeinschaft Unterstützte Beschäftigung. In diesem Gespräch werden die zukünftigen Chancen und Risiken der WfbM angesichts der in Deutschland umzusetzenden UN-Behindertenrechtskonvention sowie einer zukünftig auf »Inklusion« ausgerichteten »Behindertenhilfe« erörtert. Hierbei wird erneut deutlich, dass ein inklusiver Arbeitsmarkt, in dem behinderte und nicht-behinderte Menschen miteinander arbeiten, vielgestaltig und facettenreich sein muss.

Wir danken allen Beteiligten, die mit viel Engagement an diesem Buch mitgewirkt haben, und würden uns freuen, wenn das Buch dazu beiträgt, die Entwicklung hin zu einem inklusiven Arbeitsmarkt zu befördern und zugleich die bestehenden Widersprüche und Probleme bei der Umsetzung des Inklusionsparadigmas zu erkennen und zu bearbeiten.

Jochen Walter

Betriebliches Arbeitstraining – Integration durch Kooperation!

ACCESS Integrationsbegleitung gGmbH, Erlangen

Von der Idee bis zum Projektstart

Zu einer Zeit, als die Integration von Menschen mit Behinderung aus Werkstätten in den allgemeinen Arbeitsmarkt noch nicht auf allen Tagesordnungen stand, lernte ich während meiner berufsbegleitenden Fortbildung zur Integrationsberaterin bei der Bundesarbeitsgemeinschaft für Unterstützte Beschäftigung (BAG UB) 1998/1999 das Konzept der Hamburger Arbeitsassistenz kennen. Ich war schnell überzeugt von diesem Ansatz, umso mehr, als ich erkannte, dass die hohe Qualität sich auch an harten Erfolgskriterien ablesen lässt. 57 % Vermittlungserfolg nannte der Geschäftsführer Achim Ciolek in seinem Vortrag damals. Das musste ich mir genauer ansehen. Ich las Konzepte, telefonierte viel mit Hamburg und kam zu der Überzeugung: »Was in Hamburg funktioniert, wird wohl auch in Bayern klappen.« Und so entschied ich: Meine Abschlussarbeit zur Integrationsberaterin wird gleichzeitig der Aufbruch sein in das Projekt »Betriebliches Arbeitstraining«.

Erste Erfahrungen mit der Arbeit nach dem Konzept Unterstützte Beschäftigung hatte ich bereits während meiner damaligen Arbeit mit Schülerinnen und Schülern gesammelt. Zum Glück kam es relativ schnell zur ersten Vermittlung: Melek, eine Schülerin aus einer Lebenshilfe-Schule, konnte ich während eines intensiv begleiteten Praktikums so weit unterstützen, dass sie direkt nach Schulentlassung einen Arbeitsvertrag in einem namhaften Hotel als Zimmermädchen bekam (vgl. auch Artikel in der Zeitschrift Impulse Nr. 16, Juli 2000, S. 38 ff., Hrsg. BAG-UB).

Schnell wurde mir klar, dass Melek eher ein Einzelbeispiel war. Die Anforderungen in Betrieben sind für nicht ausbildungsfähige Förderschüler/innen direkt nach Schulentlassung zu hoch. Die jungen Menschen brauchen Zeit, betriebliche Erfahrungen zu sammeln, sich zu qualifizieren, Arbeit zu üben, Sicherheit im Umgang mit Kolleg/innen und Vorgesetzen zu erlangen. Schon die Schulzeit ist eine gute Möglichkeit, erste betriebliche Erfahrungen zu sammeln und dieses Erfahrungsfeld sollte allen Schülerinnen und Schülern offen stehen. Derzeit unternimmt die Politik wichtige Schritte, um die »Berufswegeplanung« flächendeckend einzuführen. Doch zurück zum »Betrieblichen Arbeitstraining«. Die Nachfrage der Schüler/innen und ihrer Eltern für eine betriebliche Qualifizierungsmaßnahme nach der Schule schien groß. Auch einige Lehrkräfte waren von Anfang an von der Idee begeistert.

Von einem konzeptionellen Ansatz überzeugt zu sein, bereits potenzielle Anwärter/innen für die praktische Arbeit zu haben und sogar erste Erfolge vorzuweisen, das war die eine Seite. Die Seite, die Mut machte, die mich und meine Mitstreiter/innen antrieb. Daneben waren aber viele andere Dinge noch zu klären: Wer sind unsere potenziellen Kooperationspartner? Wie verhalten sich die Kostenträger gegenüber dieser Idee? Und natürlich: Woher kommt das Geld? Viele Wege mussten wir gehen, um diese Fragen zu klären. Viele Gespräche mussten wir führen, um Partner zu gewinnen. Von der Projektidee bis zum Projektstart verging ungefähr ein Jahr. Am Ende waren wir erfolgreich!

Sieben Werkstätten aus der Region waren relativ schnell zu einer Kooperation bereit. Sie waren überzeugt, dass eine Zusammenarbeit mit uns als externem Fachdienst ein Gewinn für ihre Arbeit sein würde. Das Landesarbeitsamt erklärte sich nach anfänglicher Skepsis einverstanden und auch die Arbeitsagentur und der Bezirk als überörtlicher Sozialhilfeträger gaben ihr Einverständnis. Wichtige Kooperationspartner waren also gewonnen. Woher sollten aber die finanziellen Ressourcen kommen? Zusätzliches Geld wurde von den Kostenträgern für den Übergang aus der Werkstatt für behinderte Menschen nicht zur Verfügung gestellt. Die Begründung lautete: Die Werkstatt hat den Übergang geeigneter Personen auf den allgemeinen Arbeitsmarkt durch geeignete Maßnahmen zu fördern. Da diese Aufgaben zu den originären Leistungsinhalten einer WfbM gehören, ist diese Leistung bereits im Kostensatz enthalten. Es blieb und bleibt jedoch den Werkstätten überlassen, ob sie diese Leistung selbst erbringen oder sich einen qualifizierten externen Dienstleister dafür suchen.

Glücklicherweise erklärten sich die Werkstätten zur Übernahme von Kosten für unsere Dienstleistung bereit. Sie zahlten von Anfang an 75 % ihres Maßnahmesatzes für unsere Arbeit. Dieser Satz wurde ab dem Start in die betriebliche Qualifizierungsphase vereinbart, die ausschließlich durch unseren Fachdienst unterstützt wird. Tatsächlich waren unsere Kosten jedoch höher und so mussten wir weitere Mittel akquirieren. Die Lösung war schließlich eine dreijährige Impulsförderung der »Aktion Mensch«. Sie ermöglichte es uns, zum 1. Januar 2001 mit dem »Betrieblichen Arbeitstraining« zu starten. So viel sei an dieser Stelle auch verraten: Nach dem Auslaufen der dreijährigen Förderung mussten die Kosten für die Werkstätten erhöht werden. Werkstätten, deren Teilnehmer/innen wir unterstützen, geben heute 90 % des Maßnahmesatzes an uns weiter. Bei zwei und mehr Teilnehmer/innen beträgt die Höhe 85 % des Maßnahmesatzes. 10 bzw. 15 % des Maßnahmesatzes verbleiben bei der Werkstatt. Dafür ist den Teilnehmer/innen ein Rückkehrrecht in die Werkstatt garantiert, wenn sie die betriebliche Qualifizierung nicht fortsetzen wollen oder können. Außerdem übernimmt die Werkstatt die Abwicklung der Sozialversicherung.

Das Abenteuer Integration

Als wir am 3. Januar 2001 mit einem Team aus drei Mitarbeiter/innen und hoch motivierten Teilnehmer/innen starteten, herrschte Pionierstimmung und wir ließen uns gemeinsam auf das Abenteuer »Betriebliche Integration« ein. Es galt Arbeitgeber zu sensibilisieren, Tätigkeiten in den Betrieben aufzuspüren, die zu unseren Teilnehmer/innen passten, diese betrieblich zu qualifizieren und freitags Projekttage durchzuführen, die natürlich auch vorbereitet werden mussten. Unser Büro war selten besetzt, wir waren (und sind) eher in Betrieben und in unseren Autos unterwegs. Wir lernten gemeinsam: Erfolge zu feiern, aber auch, uns von Niederlagen nicht entmutigen zu lassen. Und wir gaben nicht auf, auch wenn uns immer wieder Widerstände begegneten. Wir lernten schnell, aus einem NEIN kann auch ein JA werden, wenn wir lösungsorientiert bleiben, kreative Ideen entwickeln und nicht aufgeben. Der Erfolg gab und gibt uns recht! Bereits nach elf Monaten konnten wir unseren ersten Teilnehmer in ein unbefristetes Arbeitsverhältnis vermitteln, einen Monat später folgte die zweite und so ging es weiter. Mittlerweile (Stand Oktober 2010) sind von 79 Absolvent/inn/en, die

über die Werkstätten zu uns kamen, 49 in betriebliche Beschäftigungsverhältnisse vermittelt. Es sind 44 sozialversicherungspflichtige Arbeitsverhältnisse entstanden und fünf Einzel-Werkstatt-Außenarbeitsplätze. Diese Zahlen beziehen sich lediglich auf die ehemals Werkstattbeschäftigten. Insgesamt haben wir mit diesem Konzept weit mehr Menschen in Arbeit gebracht. Diese kamen jedoch nicht über die WfbM zu uns, sondern bereits während der Schulzeit oder im Rahmen einer individuellen Berufsvorbereitenden Bildungsmaßnahme oder durch die neue Maßnahme Unterstützte Beschäftigung.

Alle an einen Tisch

Wir arbeiten sowohl mit Beschäftigten aus dem Berufsbildungsbereich als auch aus dem Arbeitsbereich zusammen. Es gibt unterschiedliche Wege, wie unsere Teilnehmer/innen zu uns kommen. Da sind zum einen die Werkstattbeschäftigen selbst, die sich mit der Bitte an ihren Sozialdienst wenden, den Weg Richtung allgemeinem Arbeitsmarkt einzuschlagen. Teilweise werden sie von ihren Angehörigen oder gesetzlichen Betreuer/innen dazu angeregt. Zum anderen prüfen die Sozialdienste bei ihrer Förderplanung, ob ein Werkstattbeschäftigter für das »Betriebliche Arbeitstraining« in Frage kommt. Manchmal sind es auch die Kostenträger, die eine Teilnahme vorschlagen, empfehlen oder auch fordern.

Normalerweise findet eine erste Terminvereinbarung über den Sozialdienst der jeweiligen Werkstatt statt. Das Erstgespräch dient dem gegenseitigen Kennenlernen und der Information. Gemeinsam wird überlegt, wer beteiligt sein soll. Es hat sich bewährt, alle an einen Tisch zu holen, die im Unterstützungssystem eine Rolle spielen. Das ist als Erstes natürlich der / die Bewerber / in selbst mit ihrem sozialen Umfeld, z. B. Eltern und gesetzliche Betreuer. Außerdem sitzt von Werkstattseite der Sozialdienst und / oder der / die Gruppenleiter / in mit am Tisch. Der Fachdienst moderiert das Gespräch und hält die verabredeten Ergebnisse fest.

Ins »Betriebliche Arbeitstraining« wird aufgenommen, wer motiviert ist zu arbeiten, wer jeden Tag zur Arbeit kommt, zuverlässig ist sowie die Bereitschaft mitbringt, sich etwas sagen zu lassen, und sich an Spielregeln halten kann. Bewirbt sich jemand, der diese Vorgaben nicht bejahen und einhalten kann, vereinbaren wir gemeinsam Förderziele. Zeigt der oder die Bewerber / in, dass das Ziel ernst genommen wird und sich Erfolge einstellen, steht einer Aufnahme zu einem späteren Zeitpunkt nichts im Wege. Menschen, bei denen eine psychische Erkrankung im Vordergrund steht, werden nur aufgenommen, wenn sie seit mehreren Monaten psychisch stabil sind. Der Anteil der Menschen mit sogenannter geistiger Behinderung überwiegt im »Betrieblichen Arbeitstraining«.

Das Dienstleistungsangebot »Betriebliches Arbeitstraining«

Unser Angebot an die Werkstätten umfasst folgende Punkte:

1. Klärung der Teilnahme am Arbeitstraining mit Integrationsplanung
2. Akquise und Vorbereitung des Praktikums
3. Betriebliche Orientierung und Qualifizierung, incl. Arbeitgeber-Beratung und jeweiliger Perspektivenklärung für ein mögliches sozialversicherungspflichtiges Arbeitsverhältnis

»IT ist mein Leben.«

Florian S. sichert gerade am Computer die aktuellen Updates seiner Firma, als das Telefon klingelt. Der Drucker eines Kollegen läuft nicht. Ein paar Tastaturbefehle, dann fährt Florian S. mit seinem Rollstuhl quer über den Flur, um sich des Problems anzunehmen. Drucker wieder flottzumachen, gehört zu seinen Routineaufgaben.

Florian S. arbeitet bei einer weltweit tätigen Spezialfirma in der Nähe von Nürnberg mit 150 Mitarbeitern. Tendenz steigend. Schon sechs Jahre lang gehört der junge Mann zum dreiköpfigen IT-Team des Betriebs.

Die Arbeit wurde ihm nicht in die Wiege gelegt. Aufgrund einer Tetraspastik besuchte er die Förderschule. Nach deren Abschluss lautete die Diagnose der Arbeitsagentur: »Eine Ausbildung ist nicht möglich. Empfehlung: Werkstatt für behinderte Menschen.« Florian S. hatte andere Pläne. »Die Werkstatt hätte nicht für mich gepasst«, sagt er. »Einmal habe ich dort ein Praktikum absolviert und war mit den feinmotorischen Arbeiten überfordert. Aber ich habe seit meiner Kindheit am Computer gesessen. Dort sah ich meine berufliche Zukunft.«

Der Fachdienst ACCESS stellte sich der Herausforderung, diesen Berufswunsch umzusetzen. Geschäftsführerin Andrea Seeger: »Insgesamt elf Praktika hat der junge Mann absolviert, unter anderem in seiner jetzigen Firma. Aber erst als dort die Leitung wechselte und der IT-Chef es mit Florian S. probieren wollte, waren wir erfolgreich.«

Bis heute hat der Leiter des IT-Teams den jungen Mann unter seine Fittiche genommen. »Ich war Zivildienstleistender«, begründet er dieses Engagement, »und zwar aus tiefer Überzeugung. Florian brachte mich wieder in Bezug zu diesen sozialen und menschlichen Themen, die in der Arbeit leicht verloren gehen.«

Die Firma richtete einen Aufzug ein, verbreiterte Türen und organisierte die Aufgaben in der IT-Abteilung neu. Florian S. wurde zuständig für die Beschaffung, die Programminstallation und Fehlerbehebung, hinzu kam die Update-Sicherung. Sein Mentor: »Wir sind auch heute noch in engem Kontakt zu ACCESS, die Arbeitsbegleitung schaut regelmäßig vorbei.«

Florian S. ist nach wie vor überzeugt, seinen Traumjob gefunden zu haben: »Besser hätte ich es nicht treffen können. IT ist mein Leben. Ich fühle mich super wohl in meiner Firma.«

4. Begleitendes Bildungsangebot in Form von Projekttagen
5. Berufsbegleitung nach Abschluss eines Arbeitsvertrags

Darüber hinaus übernehmen wir alle Querschnittsaufgaben, wie z. B. Netzwerkarbeit, Öffentlichkeitsarbeit, Dokumentation, Berichtswesen, Absprachen mit allen beteiligten Akteuren.

Aufbau des »Betrieblichen Arbeitstrainings«

Unsere betriebliche Qualifizierung folgt dem Prinzip: Erst platzieren – dann qualifizieren. Die Teilnehmer/innen befinden sich von Montag bis Donnerstag im betrieblichen Qualifizierungspraktikum. Ein Langzeit-Qualifizierungspraktikum vereinbaren wir mit dem Arbeitgeber für mindestens zwölf Wochen. Ein Jobcoach begleitet die Teilnehmer/innen in ihrem Praktikum zu Beginn im Verhältnis 1:1. Diese Begleitung leisten wir mindestens zwei komplette Tage lang, bei entsprechendem Unterstützungsbedarf auch bis zu mehreren Wochen. Unsere Jobcoaches ziehen sich erst zurück, wenn sie eine Aufgabenstruktur entsprechend den Fähigkeiten der Teilnehmer/innen gefunden haben und sie und die Kolleg/inn/en im Betrieb im Umgang miteinander sicher sind.

Nach dieser intensiven Einarbeitungsphase machen wir mindestens ein bis zwei Besuche pro Woche im Betrieb, um den Integrationsprozess zu unterstützen. Wir haben festgestellt: Je klarer und wiederkehrender die zu erledigenden Tätigkeiten sind, desto größer ist die Chance der Verselbständigung. Genauso wichtig wie die fachliche Qualifizierung ist die Weiterentwicklung der sozialen Kompetenzen. Die Jobcoaches machen den Teilnehmer / innen bewusst, wie sie auf andere wirken. Gemeinsam besprechen sie, welches Verhalten angemessen ist und wie man sich gut in das Kolleg / inn / en-Team integriert. Nur wenn beides stimmt – die fachliche Arbeit und das Sozialverhalten – haben unsere Teilnehmer / innen eine Chance auf Anstellung in ein sozialversicherungspflichtiges Beschäftigungsverhältnis.

Mehrere Praktika sind die Regel. Ihre Anzahl liegt zwischen eins und zwölf, im Durchschnitt werden drei Praktika absolviert. Die Praktika können in unterschiedlichen Branchen stattfinden. Die Teilnahmedauer am »Betrieblichen Arbeitstraining« ist unterschiedlich. Sie variiert zwischen vier Monaten und zweieinhalb Jahren. Die durchschnittliche Dauer beträgt ein Jahr.

Projekttage als begleitendes Bildungsangebot

Einmal pro Woche, immer am Freitag, findet der sogenannte Projekttag statt. Eine vertrauensvolle und partnerschaftliche Atmosphäre bietet Raum für Erfahrungsaustausch. Die Teilnehmer / innen vertiefen ihre arbeitsbezogenen Themen, entwickeln ihre Sozial- und Personalkompetenzen weiter und setzen sich mit ihren Fähigkeiten und Einschränkungen auseinander. In einer Projekttagsgruppe kommen zehn bis zwölf Personen zusammen. Moderiert wird sie von zwei Jobcoaches. Sie bereiten den Projekttag inhaltlich vor, behalten dabei das Leistungsvermögen jedes Einzelnen im Blick und gestalten den Projekttag methodisch abwechslungsreich. Wir arbeiten z. B.

mit Biografiearbeit, erlebnispädagogischen Methoden, Einzel-, Paar- und Gruppeneinheiten, Entspannungstechniken und Projektarbeiten.

Die Themen lassen sich in sechs Bausteine einteilen:

1. Arbeitswelt entdecken
2. Arbeitsfelder erkunden
3. Schlüsselqualifikationen ausbauen
4. Lebensalltag und Gesellschaft diskutieren
5. Mobilität üben
6. Das Tabu brechen – über Behinderung sprechen!

Im Laufe der mittlerweile zehnjährigen Erfahrung haben wir für alle Bausteine zahlreiche Themeneinheiten ausgearbeitet, die auf die jeweilige Gruppe abgestimmt zum Einsatz kommen.

Zwei Praxisbeispiele

Walter Völkl war 25 Jahre in den Benedikt-Menni-Werkstätten Gremsdorf integriert. Für ihn war die Zeit reif, etwas Neues zu wagen. Die Werkstatt unterstützte diesen Wunsch und nahm Kontakt zu ACCESS auf. Nach einem siebenmonatigen Qualifizierungspraktikum wechselte Walter Völkl am 2. Januar 2003 von der Werkstatt in ein unbefristetes Vollzeit-Arbeitsverhältnis als Autopfleger bei einem BMW-Händler. Zusätzlich übernimmt er Helfertätigkeiten im Bereich Lager und Grünanlagenpflege. Sein Arbeitgeber steht auch nach sieben Jahren Beschäftigungszeit hinter der Einstellungsentscheidung: »Walter hat eine andere Einstellung zur Arbeit als zum Beispiel Azubis. Selbst verdientes Geld ist ihm wichtig, damit er sich eine eigene Wohnung leisten kann. Er motzt nicht, er arbeitet einfach. Er ist uns ein lieber Kollege. Walter ist zuverlässig, hat Lust zu arbeiten und ist sehr eigenverantwortlich. Er verschläft nie und fährt extra in den Betrieb, wenn er krank ist und bringt die Krankmeldung persönlich vorbei.«

Auch Walter Völkel ist heute noch zufrieden mit seiner Entscheidung und hat sich persönlich sehr gut weiterentwickelt. Er hat den betreuten Rahmen einer Außenwohngruppe verlassen und wohnt mittlerweile selbständig. Außerdem hat er den Mofa-Führerschein bestanden, so dass er für seinen Arbeitsweg nicht mehr auf die öffentlichen Verkehrsmittel angewiesen ist. Jährlich fährt er zur Jahrestagung der BAG-UB, um sich mit anderen unterstützten Arbeitnehmer/innen auszutauschen.

Miranda Kamke arbeitet seit dem 1. April 2008 als Spülkraft in einer Kantine. Sie räumt dort Geschirrwagen aus, arbeitet an der Spülstraße, poliert Geschirr und reinigt die Küche. Miranda Kamke hat den Berufsbildungsbereich in den Aurach-Werkstätten der Lebenshilfe Herzogenaurach absolviert und wechselte anschließend in den Arbeitsbereich. Da sie gute Arbeitstugenden an den Tag legte, nahm sie die Chance wahr, sich  betrieblich zu orientieren. Frau Kamke wurde zur Stationshilfe in einem Altenheim und zur Spülhilfe in der Kantine qualifiziert. Bereits in ihrem zweiten Praktikum bekam sie einen Arbeitsvertrag. Der zunächst befristete Vertrag ist mittlerweile unbefristet. Ihr Arbeitgeber berichtet: »Frau Kamke hat sich nach kurzer Zeit in das bestehende Team vor Ort integriert. Natürlich gab es auch ›kleinere Startschwierigkeiten‹, die Frau Kamke aber mit Bravour meisterte. Ich habe mich während der Integration zu keiner Zeit allein gefühlt. In allen Fragen stand mir ein kompetenter Ansprechpartner von ACCESS zur Seite. Durch die Betreuung direkt am Arbeitsplatz konnten die Jobcoaches einen Einblick in den Aufgabenbereich von Frau Kamke gewinnen, was zum besseren Verständnis aller Beteiligten führte. Die Stärken von Frau Kamke haben sich aus meiner Sicht im Laufe des ersten Jahres entwickelt. So hat sie von selbst angeboten, den üblichen, starren Arbeitsablauf zu verlassen und je nach Geschäftsaufkommen flexibel zu arbeiten. Das ist sicherlich nicht selbstverständlich. Frau Kamke ist sich ihrer Aufgabe und Verantwortung bewusst und trägt als Teammitglied zum Gesamterfolg des Betriebes bei.«

Unsere Kooperationspartner

- Aurach Werkstätten der Lebenshilfe Herzogenaurach e. V.
- Benedikt-Menni-Werkstatt der Barmherzigen Brüder Gremsdorf
- BZB – Behinderten-Zentrum-Boxdorf gGmbH
- Dambacher Werkstätten für Behinderte gGmbH, Fürth Dambach
- Lebenshilfe Werkstätten für Behinderte Schwabach-Roth gGmbH
- Pegnitz-Werkstätten der Lebenshilfe für Behinderte Nürnberg gGmbH
- Regnitz-Werkstätten für Behinderte gGmbH

Die ACCESS-Erfolgsfaktoren

Wir haben bislang keine wissenschaftliche Untersuchung über unsere Erfolgsfaktoren, sondern beziehen uns auf unsere kritische subjektive Wahrnehmung und auf die Rückmeldungen unserer Teilnehmer/innen sowie der Betriebe.

Unsere Erfolgsfaktoren im Einzelnen:

1. Kooperation ist unsere Stärke

Überlegt man, wie viele unterschiedliche Ämter, Institutionen und Menschen für die berufliche Integration von Menschen mit Behinderung zuständig sind, kommt man auf eine lange Liste: Die Werkstatt für behinderte Menschen, die Arbeitsagentur, der überörtliche Sozialhilfeträger, das Integrationsamt, der Integrationsfachdienst oder ähnliche Fachdienste zur beruflichen Integration (z. B. ACCESS). Dazu kommen Unterstützungspersonen wie Eltern, Partner, Wohnheimbetreuer/innen, gesetzliche Betreuer/innen, Psycholog/inn/en, Ärzte und Ärztinnen usw.

Alle diese Unterstützungssysteme müssen an einem Strang ziehen, damit der Weg von der Werkstatt in den allgemeinen Arbeitsmarkt gelingen kann. Auf den ersten Blick mag dies als unlösbare Aufgabe erscheinen. Doch aus Erfahrung wissen wir, es gelingt fast immer! Und zwar dann, wenn alle rechtzeitig informiert, gehört und Widerstände ernst genommen werden. Widerstände sind etwas Normales. Indem man ihnen Raum verschafft, eröffnet man bereits Lösungsansätzen das Feld. Mit dieser Sichtweise gehen wir aktiv in die Informations- und Moderationsrolle, treffen verbindliche Absprachen und vereinbaren Ziele und Zeitpunkte. Wir freuen uns, dass wir durch fachlich gute Arbeit mittlerweile in der Region unseren festen Platz gefunden haben und von den anderen Kooperations- und Integrationspartnern geschätzt werden.

2. Unser größtes Kapital ist unser Personal

Bei der Personalauswahl achten wir darauf, dass in unserem Team pädagogische und betriebliche Erfahrungen vorhanden sind. Zum Team gehören z. B. ein Sozialpädagoge mit einer Erstausbildung zum Elektromechaniker, ein Sozialpädagoge mit betrieblichen Erfahrungen aus der Gastronomie, eine Ergotherapeutin mit Erfahrungen in der Bäckereibranche und eine Schreinermeisterin mit sonderpädagogischer Zusatzausbildung. Neben der fachlichen Eignung spielt vor allem die Kommunikationsfähigkeit eine überragende Rolle. Unsere Mitarbeiter/innen müssen in der Lage sein, mit unterschiedlichen Menschen in unterschiedlichen Funktionen in den Dialog zu treten. Sie müssen mit Einwänden umgehen, Widerstände aufspüren und ans Licht bringen, Lösungen erarbeiten. Für unsere Aufgabe braucht es zusätzlich ein großes Maß an Herzblut und Engagement für die Menschen, die wir unterstützen. Wer nicht von der Idee überzeugt ist, dass Menschen aus Werkstätten in Betrieben wertvolle Arbeit leisten können, und aus Leidenschaft handelt, wird sicher weniger erreichen. Wir sorgen durch regelmäßige interne Fortbildungen und Fachteams für einen fachlich hohen Standard. Daneben hat jede/r Mitarbeiter/in ein Fortbildungs- und Supervisionsbudget. Etliche unserer Mitarbeiter/innen haben auch die berufsbegleitende Weiterbildung »Integrationsberater/in« bei der BAG-UB absolviert.

3. Die konsequente Anwendung des Konzepts Unterstützte Beschäftigung

Wir arbeiten von Beginn an nach dem Konzept Unterstützte Beschäftigung. Wichtige Prinzipien sind »individuelle Passung«, »Erst platzieren, dann qualifizieren«, »Jobcoaching«, »Unterstützung so lange wie erforderlich«. Was detailliert dahintersteckt, kann in diesem Beitrag nicht näher ausgeführt werden. Hier muss auf die entsprechende Literatur verwiesen werden.

4. Langzeitpraktika und passgenaue Qualifizierung durch Jobcoaches

Unsere Qualifizierungspraktika haben eine Dauer von mindestens zwölf Wochen. Die Teilnehmer/innen bekommen Einblick in betriebliche Abläufe, sie können ihre Sozialkompetenzen weiterentwickeln. All das kann Klarheit zu wichtigen Fragen schaffen: Wie passt das Arbeitsfeld zu mir? oder: Komme ich mit den Kollegen klar? Aufgabe der Jobcoaches ist es, den Menschen ins Zentrum der Aufmerksamkeit von Kollegen und Vorgesetzten zu stellen. So bekommt Integration ein Gesicht, einen Namen. Das 1:1-Jobcoaching zu Beginn eines jeden Praktikums und die anschließend regelmäßigen Betriebsbesuche fördern eine Kultur des Austausches. Der Jobcoach hat hier eine Steuerungsfunktion. Diese Qualifizierungsarbeit ist sehr intensiv. Deshalb liegt unserer Arbeit im Bereich »Übergänge aus Werkstätten« ein Stellenschlüssel von 1:6 zugrunde.

5. Neue Stellenprofile – passgenaue Arbeitsplätze

Die überwiegende Zahl unserer vermittelten Teilnehmer/innen arbeitet auf Stellen, die es so vorher im Betrieb noch nicht gab. Die Stellenprofile wurden gemeinsam mit den Betrieben entwickelt. Ausgangspunkte sind immer die Person mit ihren Fähigkeiten sowie die betrieblichen Veränderungspotenziale. Wir akzeptieren behinderungsbedingte Grenzen und verwenden unsere Energien darauf, Rahmenbedingungen zu schaffen, die eine Beschäftigung trotzdem ermöglichen. Unsere Teilnehmer/innen arbeiten als Produktionshelfer in der Bäckerei, als Bistrohilfen, Bürohelfer/innen, Wagenpfleger, KFZ-Werkstatthelfer, Helferinnen in Kindergärten, Laborhilfe, Hauswirtschaftliche Helferinnen, Montagehelfer, Lagerhelfer, Küchenhilfen usw. Grundsätzlich gibt es in jeder Firma Arbeit. Bereits bei der Kontaktaufnahme mit möglichen Praktikumsbetrieben denken wir nicht in Berufen, sondern daran, welche Tätigkeiten diese Firma (eventuell zusätzlich) bereitstellen kann.

6. Arbeitgeberorientiertes Angebot

Wir verstehen uns als Dienstleister für Arbeitgeber. Diesem Selbstverständnis entsprechend kümmern wir uns um alle Angelegenheiten, die mit einer betrieblichen Integration verbunden sind. Wir klären auch finanzielle Zuschüsse, füllen gemeinsam Anträge aus und halten die Kontakte zu den Kostenträgern. Einzige Aufgabe für unsere Betriebe soll es sein, die Unterschrift zu leisten. Um den Rest kümmern wir uns.

Wir lassen unsere Arbeit von den Betrieben mit Hilfe eines Fragebogens bewerten und wissen darum, dass die befragten Arbeitgeber mit unserer Arbeit sehr zufrieden sind. Vor allem der Punkt »Intensives Jobcoaching während der Einarbeitungsphase« wird bisher mit einem durchschnittlichen Notenwert von 1,4 bewertet. Weitere Ergebnisse dieses Fragebogens können bei näherem Interesse gerne bei der Autorin erfragt werden.

7. Berufsbegleitung nach Abschluss eines Arbeitsvertrag

Menschen mit Behinderung geben durch eine Unterschrift unter einen Arbeitsvertrag ihre Behinderung nicht ab. Wer vorher auf den Rahmen einer Werkstatt für behinderte Menschen angewiesen war, wird in der Regel auch während einer betrieblichen Beschäftigung auf Unterstützungsleistungen angewiesen sein. Wir leisten diese Nachbetreuung nach Abschluss eines sozialversicherungspflichtigen Arbeitsverhältnisses. Im Zentrum unseres Handelns steht immer die Frage »Wie viel Unterstützung« wird noch gebraucht?«. Das klären wir gemeinsam mit der von uns unterstützten Person und den Verantwortlichen im Betrieb. Finanziert wird unsere Arbeit nach der Vermittlung durch das Integrationsamt.

Und die Knackpunkte?

Die Entgeltzahlung eines Beschäftigten aus dem Arbeitsbereich der Werkstätten bereitet uns immer wieder Kopfzerbrechen. Wir wissen, dass die Arbeitsentgelte an die Beschäftigten aus den Einnahmen der Werkstatt finanziert werden müssen. Wir wissen auch, dass es den Werkstätten schwerfällt, den Beschäftigten, die dem Arbeitsbereich angehören, weiterhin das entsprechende Arbeitsentgelt zu zahlen, wenn sie es nicht von den Betrieben erstattet bekommen. Wir wissen aber auch, dass es in vielen Branchen eine große Herausforderung ist, betriebliche Praktikumsstellen für Werkstattbeschäftigte zu akquirieren. Wenn Arbeitgeber für ein Praktikum eines Menschen mit Handicap eine Praktikumsvergütung bezahlen sollen, wird diese Herausforderung manchmal zur langwierigen Aufgabe. Wir sind dankbar für die tragfähigen Kooperationen mit unseren Werkstätten. Manche übernehmen die Bezahlung des Arbeitsentgelts aus ihrem Budget, bei anderen können wir im Einzelfall verhandeln, sodass wenigstens die ersten zwölf Wochen eines Praktikums für den Arbeitgeber kostenlos sind.

Wir müssen als Fachdienst in unserer Personalpolitik äußerst flexibel arbeiten. Wenn wir auch mit unseren Kooperations-Werkstätten in der Regel vereinbart haben, dass wir jeweils zwei Teilnehmer/innen pro Werkstatt unterstützen, wird diese Vereinbarung aus verschiedenen Gründen nicht immer von allen Werkstätten erfüllt. Es kommt beispielsweise vor, dass wir von einer Werkstatt vorübergehend vier Leute unterstützen, dafür im nächsten Jahr niemanden. So hatten wir in den vergangenen Jahren immer mit schwankenden Belegungszahlen zu kämpfen (zwischen 6 und 18 Personen). Es ist nicht immer einfach, damit umzugehen, aber die Erfahrung hat uns gelehrt: Wir schaffen es immer wieder!

Jede Integration ist eine neue Erfahrung

Wir haben gelernt, dass ein gutes Konzept, fachliches Know How und überzeugte Mitarbeiter/innen die Basis für unsere Arbeit sind. Dennoch wird es immer so sein, dass wir uns mit jedem neuen Menschen, den wir unterstützen, mit jedem neuen Betrieb, den wir aufschließen, immer wieder in ein neues Lernfeld begeben. Wir dürfen keine vorgefassten Meinungen haben, müssen offen bleiben für Veränderungen und werden so immer wieder neu staunen. Staunen über Dinge und Entwicklungen, an die wir selbst nicht geglaubt hätten. Aufgrund dieser Erkenntnisse bleiben wir engagiert und motiviert für unsere Aufgabe. Nur so können wir die Welt ein klein wenig verändern.

Vorteile für die Werkstätten

Ein externer Fachdienst bietet der Werkstatt den »Übergang zum allgemeinen Arbeitsmarkt« als eine Dienstleistung an, ohne dass die Werkstatt selbst die nötige Struktur und das Know-how vorhalten muss. Der Werkstatt entstehen nur dann Kosten, wenn Beschäftigte das Angebot nutzen. Das personelle Risiko ist minimiert, auch Urlaubs- und Krankheitszeiten des Personals müssen nicht vertreten werden. Die Werkstatt macht gegenüber Kostenträgern deutlich, dass sie das Thema »Übergangsmanagement« ernst nimmt, indem sie mit einem unparteiischen, externen Dienstleister zusammenarbeitet. Das oft gehörte Argument, die Werkstatt wolle aus Eigeninteresse ihre Beschäftigten nicht in Richtung allgemeiner Arbeitsmarkt begleiten, ist damit hinfällig.

In der Zusammenarbeit mit den Werkstätten unbedingt zu beachten

Vertrauen bildet die Grundlage für eine gute Zusammenarbeit. Vertrauen entsteht durch gegenseitiges Wissen voneinander: Wissen über die jeweiligen Kompetenzen, Möglichkeiten und Grenzen, und dadurch, dass man diese anerkennt. In einem vertrauensvollen Klima ist es erlaubt, Fragen zu stellen, ehrliche Antworten zu geben, Probleme offen anzusprechen und gemeinsam nach Lösungen zu suchen. Dies ist einfach, wenn man ein gemeinsames Ziel hat und gemeinsam definiert, was Erfolg ist.

Klare Absprachen zwischen allen Beteiligten sind nötig, damit Kommunikations- und Schnittstellenprobleme möglichst gering bleiben. Ich sage bewusst, »möglichst gering«, denn in jeder Kooperationsbeziehung (überhaupt in jeder Beziehung) kommen Kommunikationsstörungen vor. In einer guten

Kooperation werden sie offen auf den Tisch gelegt und konstruktiv behandelt.

Eine *schriftliche Kooperationsvereinbarung* ist auf jeden Fall notwendig. In ihr sollten Ziele, Vereinbarungszweck, Zielgruppe und deren rechtlicher Status, Anzahl der Teilnehmer/innen, Zuweisungsverfahren, Dauer der Maßnahme, Inhalte der Maßnahme, Verbleib nach der Maßnahme, Beteiligung am Fachausschuss, Verantwortlichkeiten, Dokumentation, Ausbildungsstandards, Kostensätze, regelmäßige Kooperationstreffen, die Vertragsdauer und Kündigungsregelungen festgehalten werden.

Es ist darüber hinaus sinnvoll, die *Information* der Beschäftigten einer Werkstatt zum Angebot »Übergang allgemeiner Arbeitsmarkt« gemeinsam zu planen. Sie kann in schriftlichen Materialien in einfacher Sprache erfolgen oder durch Informationsveranstaltungen, die öffentlich oder gezielt für potenzielle Kandidatinnen und Kandidaten durchgeführt werden. Auf jeden Fall sollte der Werkstattrat in das Thema eingebunden werden. Die Werkstatt sollte auch prüfen, in welcher Form sie das Thema in ihrer *Förderplanung* berücksichtigt.

Es ist auch gemeinsam zu klären, wie das *Bewerbungs- und Auswahlverfahren* durchgeführt wird und wer daran beteiligt wird.

Der Fachausschuss hat eine besondere Rolle im Übergangsprozess. Darum sollte sichergestellt sein, dass der externe Fachdienst von der Werkstatt als *beratendes Mitglied zum Fachausschuss* eingeladen wird.

Kurz gefasst

Projektname: *Betriebliches Arbeitstraining der gemeinnützigen Access GmbH*

Projektidee: *betriebliche Qualifizierung und Vermittlung in den ersten Arbeitsmarkt*

Zielgruppe: *Menschen mit Behinderung im Berufsbildungs- und Arbeitsbereich der WfbM*

Träger: *Access Integrationsbegleitung GmbH*

Zahl der Beschäftigten: *Teilnehmer/innen: Stand Oktober 2010: 79 Absolvent/inn/en, davon 49 betriebliche Beschäftigungsverhältnisse (Vermittlungsquote von 62 %)*

Autorin des Beitrags und Kontaktperson: *Andrea Seeger, Diplom Sozialpädagogin (FH), Geschäftsführerin*

Kontaktdaten: *Access Integrationsbegleitung GmbH | Michael-Vogel-Straße 1c | 91052 Erlangen |*
Tel. 0911/300 90 22 |
E-Mail: andrea.seeger@access-ifd.de | www.fandrea.seeger@access-ifd.de |

Gemeinsam geht was!

Die Perspektiva-Fördergemeinschaft für Arbeit und Leben gGmbH, Fulda

»Menschen mit Handicap zu integrieren, ist unsere gemeinsame Verantwortung. Wir sind überzeugt, dass sie, dort wo sie gebraucht werden, ihren Beitrag zur Gesellschaft leisten können. Wir erproben ihre Fähigkeiten, unsere Ausbilder leiten sie an und sie erwirtschaften auf Dauer auch ihren Lohn. Die Behinderung ist überhaupt nicht das Thema, sondern wir sehen, was sie können und setzen sie entsprechend ein.« Dr. Stefan Wagner gehört zu den mittelständischen Unternehmern in Fulda. Seine Firma Wagner Fahrzeugteile arbeitet für die großen deutschen PKW- und LKW-Hersteller und hat 280 Mitarbeiter. Er engagiert sich bei Perspektiva.

Ausgegrenzt

Bis in die 1970er Jahre haben viele gering qualifizierte Jugendliche den Sprung auf den Arbeitsmarkt geschafft: Die Leistungsstärkeren kamen meist direkt in Firmen unter. Viele der leistungsschwächeren Menschen wurden erfolgreich qualifiziert und gefördert und fanden ebenfalls Arbeit in Betrieben. Die Unternehmen beschäftigten sie meist mit einfachen Aufgaben.

Heute gelingt die Integration immer seltener. Die Unternehmen passen sich den wirtschaftlichen Rahmenbedingungen an, reduzieren häufig ihre Stammbelegschaft auf ein Minimum und setzen zunehmend auf die Dienste selbstständiger Spezialisten. Die Zahl der Erwerbstätigen in sogenannten Normalarbeitsverhältnissen geht kontinuierlich zurück. Die steigenden Anforderungen in der Arbeitswelt wirken insbesondere für Jugendliche ohne Ausbildungseignung ausgrenzend und werden zu faktisch unüberwindbaren Hürden. Der Wandel in der Arbeitswelt verändert auch den Rahmen für ihre private Lebensgestaltung. Sie können keine eigene Lebensperspektive entwickeln und geraten fast zwangsläufig in die Abhängigkeit sozialer Fördersysteme.

Den Werkstätten für Menschen mit Behinderung (WfbM), ausgestattet mit dem Auftrag zur beruflichen Rehabilitation und als Weg in den ersten Arbeitsmarkt konzipiert, gelingen heute nur in Ausnahmefällen eine Vermittlung nach »draußen« und die Verabschiedung eines Werkstattmitarbeiters in ein unbefristetes sozialversicherungspflichtiges Arbeitsverhältnis.

Gibt es heute noch eine reale Chance, eine Beschäftigung auf dem Arbeitsmarkt zu finden?

Ein Lösungsansatz

Das Antoniusheim, eine vor über 100 Jahren von Fuldaer Bürgerinnen und Bürgern gegründete Stiftung für Menschen, die eine Behinderung haben, fand einen Lösungsansatz.

Beim Rückblick in die eigene Entstehungsgeschichte fiel auf, wie die Leiterin der heimeigenen Sonderschule noch 1970 stolz davon berichtet, dass zahlreiche Absolventen ihrer Schule und Bewohner des Antoniusheims Arbeit und Anstellung bei Unternehmern in Fulda und Umgebung gefunden haben und das Antoniusheim verlassen konnten.

Lag hier die richtige Spur?

Die Kernidee war denkbar einfach. Sie lautete: Drei Gruppen müssen zusammenwirken, um ein praktikables Konzept zu entwickeln und umzusetzen, nämlich:

– Unternehmer als Spezialisten für Arbeit und Arbeitsplätze,
– soziale Akteure als Spezialisten für Betreuung, Bildung und Förderung, sowie
– Jugendliche, die tatsächlich arbeiten und eigenständig werden wollen.

Dazu müssten sich diese Gruppen zunächst kennen und schätzen lernen, sich füreinander interessieren. Unternehmer und soziale Akteuren könnten dann gemeinsam für Jugendliche eine Brücke in die Betriebe der Region bauen.

Der Einstieg

Im Jahre 1999 begann man, solche Begegnungen zu initiieren. Zu den ersten Treffen kamen 19 Unternehmer aus unterschiedlichen Branchen, die als Inhaber oder als angestellte Manager kleine und mittelständische Unternehmen leiten. Die Jugendlichen und jungen Erwachsenen – einige seit Jahren vollstationär in einer Wohngruppe untergebracht und nach Durchlaufen des Berufsbildungsbereichs bereits in Arbeitsbereichen der WfbM tätig, manche »externe« WfbM-Mitarbeiter aus Familien, die in zweiter Generation von Sozialhilfe leben – präsentierten sich, erzählten von ihren Zielen und den zahlreichen Hürden, Erfolgen und Niederlagen, fast ihre ganze Lebensgeschichte. Die Unternehmer lernten die Jugendlichen kennen und ließen sich berühren. Sie erlebten, warum die Jugendlichen in herkömmlichen Beschäftigungsverhältnissen nicht unterkommen können. Sie spürten, dass diese Jugendlichen vieles daran setzen, um ihre Lage zu verbessern, aber auf sich allein gestellt kaum aus ihrer Lebenssituation herauskommen können. Beide Seiten konnten sich als Personen begegnen.

Der Funke sprang über: Die Unternehmer wollten diesen Jugendlichen helfen und verabredeten, sich mit den sozialen Akteuren an der Konzeptentwicklung zu beteiligen.

»Fehler dürfen mir nicht passieren.«

Martin Bellinger sitzt in einer großen Fertigungshalle der Firma Wagner Fahrzeugteile in Fulda und überprüft die Funktion von Einsspritzdüsen. Sein Arbeitsplatz ist Teil der Endkontrolle. Er weiß um seine Verantwortung: »Nach unserer Kontrolle schicken wir die Düsen an große Motorenhersteller, die sie in PKW- und LKW-Motoren einbauen. Fehler dürfen mir da nicht passiseren.«

Martin Bellinger hätte aufgrund seiner Behinderung kaum den Weg zur Firma Wagner Fahrzeugteile gefunden, wenn er nicht ins Perspektiva-Programm aufgenommen worden wäre. Dr. Stefan Wagner, der Eigentümer von der Firma, hat in seinem Betrieb drei Perspektiva-Mitarbeiter übernommen.

Über Martin Bellinger sagt er: »Der junge Mann arbeitet genauso zuverlässig wie alle seine Kollegen. Die Perspektiva-Mitarbeiter sind ohnehin nicht unsere Sorgenkinder. Wie in jedem Betrieb gibt es auch bei uns Beschäftigte mit unterschiedlichen Problemen. Die Perspektiva-Leute gehören in der Regel nicht dazu.« Wagner Fahrzeugteile setzt die behinderten Mitarbeiter entsprechend ihren Möglichkeiten ein. Das können einfache Maschinentätigkeiten oder Handarbeitsplätze sein oder, wie in diesem Fall, die Endkontrolle. Dr. Wagner: »Sie werden immer dort tätig, wo kleine Serien oder kleine Stückzahlen gefragt sind und sie werden bei uns entsprechend ihrer Leistung im Rahmen des Tarifgefüges entlohnt.«

Ein gemeinsames Konzept und eine Unternehmensgründung

Über den Grundansatz waren sich die Beteiligten rasch einig: Sie wollten die Brücke von der (Förder-) Schule, der WfbM oder anderen Maßnahmen in die Arbeitswelt gemeinsam mit den Jugendlichen und aus eigener unternehmerischer Kraft bauen. Dies bedeutete für sie, mit eigenen Mitteln und Leistungen auszukommen und öffentliche Mittel allenfalls flankierend zu nutzen. Sie wollten sich nicht von ihnen abhängig machen und die Jugendlichen nicht nach ihrer Förderfähigkeit aus bestimmten Töpfen sortieren.

Das unmittelbare Zusammenspiel gelang und ist bis heute erfolgreich: Alle drei Gruppen – Unternehmer, Jugendliche, soziale Akteure – nutzen ihre Fähigkeiten und Ressourcen, um einen direkten und raschen Übergang von der Schule oder WfbM auf den Arbeitsmarkt zu ermöglichen.

- Die Unternehmer engagieren sich persönlich. Sie bringen Zeit und finanzielle Mittel ein. Sie schaffen in ihren Betrieben passgenaue Arbeitsplätze für die Jugendlichen der Zielgruppe.
- Die Jugendlichen bringen ihren Willen zum Lernen ein (bzw. entwickeln ihn). Sie setzen auf ihre Fähigkeiten und bauen neue Stärken auf.
- Die sozialen Akteure stellen eine direkte Verbindung zwischen den Jugendlichen und den Unternehmern her. Sie vernetzen die Anforderung der Unternehmen mit den Entwicklungsmöglichkeiten der Jugend-

lichen.

Die 19 Unternehmer und die sozialen Akteure sahen in der Gründung eines Unternehmens die konsequenteste Form, um neue Lebensperspektiven zu ermöglichen und ihrer Zusammenarbeit eine verbindliche Form zu geben. Im Winter 1999 schlossen sie sich in einer gemeinnützigen GmbH zusammen. Das Unternehmen trägt den programmatischen Namen »Perspektiva. Fördergemeinschaft für Arbeit und Leben.«

Drei Schritte ins Berufsleben

Das Perspektiva-Konzept sieht drei Schritte vor:

Schritt 1: Die berufsunabhängige Qualifikation

In dieser Phase bereiten die sozialen Akteure die Jugendlichen systematisch sowohl auf die Praxis in den Betrieben als auch auf ein eigenständiges Leben außerhalb des Berufes vor. Die Unternehmer suchen parallel dazu nach möglichen Aufgaben für diese Jugendlichen in ihren Betrieben.

Für die Qualifizierung der Jugendlichen wählte Perspektiva den Theresienhof, ein ehemals landwirtschaftlich genutztes Areal.

Die Jugendlichen kommen möglichst nahtlos nach dem Besuch der Schule – in der Regel Schule für Praktisch Bildbare (PB) oder Lernhilfe (LH) – oder nach der Berufsbildungsmaßnahme in der WfbM (im Einzelfall bereits während der Berufsbildungsmaßnahme) oder aus einem Arbeitsbereich der WfbM heraus zu Perspektiva auf den Theresienhof.

In einer Baumschule und durch industrielle Auftragsarbeiten, etwa Verpackungsarbeiten, üben die Jugendlichen Grundfertigkeiten ein. Sie lernen Konfliktbewältigung und Sozialverhalten, Team- und Kommunikationsfähigkeit. Die vielseitigen Tätigkeiten und unterschiedlichen Arbeiten verdeutlichen zudem die individuellen Fähigkeiten und Interessen der Jugendlichen. Das Niveau der Anforderungen orientiert sich an qualifizierter Helfertätigkeit auf dem ersten Arbeitsmarkt. Die Qualifizierung auf dem Theresienhof dauert bis zu einem Jahr. Die Entlohnung erfolgt – je nach Zugang – über den überörtlichen Sozialhilfeträger (SGB IX), durch die Agentur für Arbeit (SGB III) oder durch Perspektiva.

Schritt 2: Die Qualifikation im Betrieb

In dieser Zeit qualifizieren die Unternehmen die Jugendlichen für konkrete,

genau bestimmte Aufgaben. Die sozialen Akteure unterstützen und begleiten diesen Prozess. Sie sind in ständigem Dialog mit den Vorgesetzten im Betrieb und mit den Jugendlichen. Die Jugendlichen machen sich mit den Tätigkeiten – zunächst überwiegend Hilfsarbeiten – an ihrem künftigen Arbeitsplatz vertraut und wachsen in den Betrieb. Die Qualifizierung im Betrieb kann bis zu zwei Jahre dauern. Die Entlohnung erfolgt – wiederum je nach Zugang – über den überörtlichen Sozialhilfeträger oder durch Perspektiva, die dann auch die Sozialversicherung übernimmt. Das Unternehmen zahlt eine monatliche Projektförderpauschale an Perspektiva.

Schritt 3: Die Übernahme in den Betrieb

Nach erfolgreicher Qualifizierung übernimmt das jeweilige Unternehmen die Jugendlichen in ein unbefristetes Beschäftigungsverhältnis. Die Entlohnung entspricht der betrieblichen Vereinbarung und berücksichtigt die geminderte Arbeitsleistung. Die Mitarbeiter der WfbM werden auch förmlich aus dem Leistungsbezug des SGB IX ausgegliedert (Aufhebung des Werkstattstatus). Der Jugendliche steht nun als Arbeitnehmer auf eigenen Beinen und löst sich schrittweise von Perspektiva ab.

Start in den Schulen

Im Übergang von der (Förder-) Schule in die Arbeitswelt gibt es nur ein kleines Zeitfenster für eine erfolgreiche Förderung. Innerhalb weniger Jahre entscheidet sich, ob die Jugendlichen eine eigene Lebensperspektive entwickeln oder – vermutlich dauerhaft – von sozialen Transferleistungen abhängig bleiben. Die Chancen steigen, wenn sie möglichst früh mit Unternehmern Kontakt finden, in Praktika ihre Fähigkeiten testen und sich mit ihren Stärken und Schwächen auseinandersetzen.

Hilfen im Umfeld

Probleme im familiären und privaten Umfeld beeinträchtigen den Qualifizierungsprozess, bis hin zum Abbruch der Maßnahme. Deshalb brauchen viele Jugendliche nicht nur in ihrem betrieblichen, sondern auch im privaten Umfeld Hilfestellung.

Perspektiva stellt individuell begleitende Hilfen bereit, die die Jugendlichen bei Bedarf in Anspruch nehmen können.

– Beruflich bereiten sie sie auf die Praxisphase vor und begleiten sie in den Betrieben.

– Privat unterstützen sie sie im eigenständigen Wohnen, u.a. in angeleiteten Trainingswohnungen. Dies gilt für »externe« Mitarbeiter der WfbM, die noch in ihrem familiären Umfeld leben ebenso wie für Mitarbeiter, die in einer voll- oder teilstationären Wohngemeinschaft im Antoniusheim leben. Sie bahnen den Kontakt zu Menschen, die die Jugendlichen in ihrer persönlichen Entwicklung begleiten wollen, und helfen ihnen, diese Kontakte zu entwickeln und eigenständig zu gestalten.

– Schließlich unterstützen sie sie in der Verbesserung ihrer Mobilität, z. B. durch Training in der Nutzung öffentlicher Verkehrsmittel oder gar ein Führerscheintraining, damit sie im Beruflichen wie im Privaten »beweglich« bleiben.

Unterstützung der Bürger und das Kuratorium Perspektiva

Die Gesellschafter haben für ihr Vorhaben um tatkräftige Mithilfe und Unterstützung geworben. Ohne das ehrenamtliche Engagement von Bürgern könnte Perspektiva kaum funktionieren: Manche helfen finanziell, einige übernehmen Patenschaften und begleiten Jugendliche in ihrer persönlichen Entwicklung. Andere übernehmen Funktionen im Perspektiva-Programm. So hat z.B. ein pensionierter Berufsschulleiter den Unterrichtsplan für einzelne Förderabschnitte konzipiert, ein Facharbeiter trainiert in seiner Freizeit Perspektiva-Jugendliche im Fußballspiel.

Im Herbst 2001 konstituierte sich – als eigens für die zentralen Akteure am Arbeitsmarkt geschaffene Struktur – das »Kuratorium Perspektiva«. Ihm gehören je ein Spitzenrepräsentant von Stadt, Landkreis, Industrie- und Handelskammer, Kreishandwerkerschaft, Schulamt und Wohlfahrtspflege an. Die Agentur für Arbeit wirkt beratend mit. Das Kuratorium will die arbeitsmarktpolitischen Handlungsstrategien für gering qualifizierte Jugendliche koordinieren, neu ausrichten und bündeln, um sie in dauerhafte Beschäftigung zu bringen.

Alle bei Perspektiva involvierten Personen – Privatleute, Unternehmer und Vertreter sozialer Einrichtungen oder Behörden – bestimmen die Ebene ihrer Mitwirkung und den Grad ihrer Beteiligung selbst.

Der Dialog bringt alle weiter

Eine Kernaufgabe von Perspektiva besteht darin, den Zusammenhalt des Netzwerks zu organisieren. Bei aller nötigen Struktur lebt die Idee davon, dass der Funke überspringt. Die Erfahrungen der Bürger und Unternehmer mit einzelnen Jugendlichen können dazu führen, dass sie sich berühren lassen und Energien mobilisieren, um den Jugendlichen zu helfen. Deshalb nutzt Perspektiva Kommunikationsformen, die die Beteiligten zusammen bringen und einen qualifizierten Dialog ermöglichen. Dazu zählen Unternehmer-Foren, Personalleiter-Foren, Treffen des Kuratoriums und des Beirats, Hoffeste und viele informelle Begegnungen, neuerdings auch im Familienbiergarten auf dem Theresienhof.

Dieser Dialog bringt Chancen und Nutzen für alle Beteiligten:
Die Jugendlichen
– schaffen in der Arbeitswelt, wie auch in ihrem häuslichen Bereich, ein tragfähiges Beziehungsnetz
– werden auf Dauer unabhängig von sozialen Fördersystemen.
Die Unternehmer
– übernehmen gesellschaftliche Verantwortung

– schaffen Strukturen, die ihnen erlauben, schwächere Jugendliche in ihren Betrieb zu integrieren.

Die Bürgerschaft
– verwirklicht ihre Bereitschaft zu persönlichem und sozialem Engagement
– etabliert ein System, das sich durch Beiträge aus Wirtschaft und Bürgerschaft (weitgehend) selbst finanziert.

Die sozialen Institutionen
– entwickeln bedarfsorientierte und passgenaue Maßnahmen
– nehmen Einfluss auf den Prozess der Hilfegewährung
– realisieren kostengünstige Hilfen.

Die Gesellschaft
– fördert das private Engagement ihrer Bürger und gibt ihm Vorrang vor staatlicher Versorgung.

Stabilität auch in schwierigen Zeiten

Das Netzwerk erreicht sein Vermittlungsziel auch im derzeit schwierigen Umfeld: Die Jugendlichen sind weiterhin in der Arbeitswelt willkommen. Trotz weltweiten Wettbewerbs und hohen Kostendrucks sind Unternehmen bereit, für Jugendliche Arbeitsplätze, an deren Fähigkeiten ausgerichtet, also »maßgerecht«, zu formen. Die Zahl der als Gesellschafter mitwirkenden Unternehmen ist bis heute auf über 60 gewachsen und auch die Liste der Betriebe, die Jugendlichen einen Arbeitsplatz anbieten, wurde länger. 70 sozialversicherungspflichtige Arbeitsplätze sind entstanden. Derzeit werden 20 Jugendliche in Firmen qualifiziert, weitere 30 Jugendliche bereiten sich in Phase 1 auf die Arbeit in Betrieben vor.

Ungelöst: Angemessene Vergütung bei Tarifbindung

Die aufgrund ihrer Qualifikation erbrachte Arbeitsleistung der Perspektiva-Jugendlichen ist nicht selten deutlich niedriger als die Vergütung, die die jeweils niedrigste Tarifstufe, zum Beispiel in der Baubranche, vorsieht. Für die Arbeitgeber ist es dann nicht möglich, eine der Arbeitsleistung angemessene

Vergütung zu zahlen. Dies hat zur Folge, dass mögliche (Hilfs-)Arbeitsplätze unbesetzt bleiben, andererseits arbeitswillige und für diese Tätigkeit geeignete Jugendliche der Zugang zur Arbeit versperrt ist. Bisherige Gespräche mit den Tarifpartnern – auch flankiert von politischer Seite – waren bisher ohne Erfolg.

Fazit: Ein völlig neuer, integrierter Handlungsansatz ist etabliert

Das Netzwerk hat viele Akteure des Arbeitsmarktes und der sozialen Hilfen der Region zur konstruktiven kontinuierlichen Mitarbeit gewonnen und erreicht sein Vermittlungsziel. Es hat einen völlig neuen, integrierten Handlungsansatz zur Vermittlung gering qualifizierter Jugendlicher etabliert. Zentrales Moment für diesen Erfolg ist die direkte Verbindung zwischen den Jugendlichen und den Unternehmern. Die Vernetzung der Anforderung der Unternehmer mit den Entwicklungsmöglichkeiten der Arbeitssuchenden kann und muss durch soziale Akteure unterstützt, darf aber nicht an sie delegiert werden.

Das Netzwerk versteht seine Arbeit nicht als Patentrezept für eine flächendeckende Problemlösung, aber als Modell, um einzelnen Jugendlichen gezielt zu helfen.

Der Erfolg von Perspektiva resultiert aus den Anstrengungen vieler und zeigt eindrucksvoll, dass das Vorhaben, Jugendlichen mit geringer Ausgangsqualifikation eine eigene Lebensperspektive zu ermöglichen, gelingen kann, wenn es zu einem gemeinsamen Anliegen wird.

Jugendliche, die arbeiten und eigenständig werden wollen, haben mit professioneller Hilfe eine reale Chance, ein reguläres Beschäftigungsverhältnis in Unternehmen und Organisationen der Region zu erreichen. Sie müssen nicht zwangsläufig auf dauerhaft subventionierten Schienen – Beschäftigungsgesellschaften, Integrationsbetrieben oder Werkstätten für Menschen mit Behinderung – verbleiben.

Auszeichnungen

Perspektiva wird partei- und institutionsübergreifend als beispielhafte Initiative geschätzt.

– Auszeichnung im bundesweiten Wettbewerb *Beschäftigung gestalten Unternehmer zeigen Verantwortung* des Bundesministerium für Wirtschaft und Arbeit und der Initiative für Beschäftigung in der Kategorie »Integration besonderer Zielgruppen«

– Sozialpreis *innovatio* für caritatives und diakonisches Handeln

– nominiert beim *Deutschen Förderpreis Jugend in Arbeit – Hessen*

– 2009 *Deichmann Förderpreis gegen Jugendarbeitslosigkeit*

Kurz gefasst

Projektname: *Gemeinsam geht was!*

Projektidee: *Jugendliche mit Handicap erreichen einen regulären Arbeitplatz und gewinnen eigene Lebensperspektive außerhalb der Sozialhilfe*

Zielgruppe: *Junge Menschen mit Lern- oder geistiger Behinderung oder Körperbehinderung aus der WfbM oder Arbeitslosigkeit*

Träger: *Perspektiva gemeinnützige GmbH, Fördergemeinschaft Theresienhof für Arbeit und Leben*

Zahl der Beschäftigten/Teilnehmer: *derzeit werden 80 Jugendliche gefördert*

Kontaktperson: *Heike Krönung, Sozialpädagogin*

Kontaktdaten: *Perspektiva | Maberzeller Straße 75 | 36041 Fulda |
Tel. 0661/952 52 59 |
E-Mail: heike.kroenung@perspektiva-fulda.de | www.perspektive-fulda.de |*

Autor des Beitrags: *Michael Becker, Geschäftsführer*

Menschen mit Behinderungen beruflich dauerhaft integrieren

Die Mosaik-Services Integrationsgesellschaft mbH Berlin

Die Arbeit der heutigen Mosaik-Services Integrationsgesellschaft m.b.H. begann 1989/1990 mit der Schaffung von zunächst drei tariflichen Dauerarbeitsplätzen für Menschen mit Behinderungen (insbesondere aus WfbM). Heute sind hier über 220 Mitarbeiterinnen und Mitarbeiter zu tariflichen Bedingungen dauerhaft bzw. in Ausbildungsverhältnissen in zahlreichen Branchen beschäftigt, davon 125 Menschen mit Behinderungen (Stand 31.12.2009).

Wie es begann

Als erste aussichtsreiche Marktnische wurde damals die Idee eines Kinderrestaurants diskutiert und für durchführungswürdig gehalten (später entstand daraus das Theater und Restaurant Charlottchen in Ku'damm-Nähe).

Erste Finanzierungsmöglichkeiten wurden evaluiert (Johanna-Möller-Stiftung, Aktion Mensch) und auch die Hauptfürsorgestelle Berlin (heute: Integrationsamt Berlin) sendete positive Signale. So führten wir – konkret der Begleitende und der Psychosoziale Dienst – in unserer WfbM zunächst eine interne Studie durch. Gibt es überhaupt Menschen mit Behinderungen in unserer WfbM, die eine tarifliche Tätigkeit in einem Integrationsprojekt anstreben und dafür auch eine ausreichende Eignung mitbringen? Und wenn ja, wie groß ist dieser Anteil an der Gesamtbelegschaft? Das Ergebnis war sehr klar: rund 10 % der damals 220 Werkstattbeschäftigten besaßen bereits Vorerfahrungen auf dem allgemeinen Arbeitsmarkt und brachten auch die entsprechende Motivation mit, wieder ein tarifliches Dauerarbeitsverhältnis anzustreben.

In der Auswahlphase wurde klar, dass nicht fachliche Eignung und einschlägige Vorerfahrungen ausschlaggebend waren, sondern der Grad der sozialen Kompetenz, d.h. insbesondere die prognostische Wahrscheinlichkeit, in einer Gruppensituation unter den Anforderungen tariflicher Beschäftigung erfolgreich dauerhaft tätig sein zu wollen.

Alle ausgewählten Kandidaten aus unserer WfbM – Menschen mit geistig-seelischen und Mehrfachbehinderungen – durchliefen erfolgreich ein vorgeschaltetes Praktikum und wurden in ein tarifliches Arbeitsverhältnis übernommen – sowohl innerhalb unserer Gesellschaft als auch in einem Unternehmen der Automobilzulieferindustrie, das damals eng mit uns zusammenarbeitete.

Die Standortauswahl

Wie gehen wir vor? Wir betrachten – damals wie heute – zunächst die angestrebten Tätigkeitsfelder. Sind diese ausreichend für unsere Zielgruppenmitarbeiter (so nennen wir intern die Mitarbeiter mit Behinderungen) geeignet? Welche grob-, feinmotorischen und sensorischen Fähigkeiten sind gefordert? Muss man lesen, schreiben oder rechnen können? Wie hoch sind die körperlichen Belastungen? Wie liegen die üblichen Arbeitszeiten in der Branche (z.B. Gastronomie, Bäckerei)?

Wurde ein Tätigkeitsbereich ausgewählt – wir begannen im weiten Feld der Gastronomie – führten wir eine differenzierte Modellkostenrechnung zur wirtschaftlichen Tragfähigkeit des Vorhabens durch. Während die mög-

»Die Arbeit hat mich aus meiner Depression geholt.«

Der Gendarmenmarkt in Berlin-Mitte ist einer der Touristenmagnete der Hauptstadt. Beherrscht wird er vom Konzerthaus, dem ehemaligen Schauspielhaus der Stadt. Im zugehörigen Café Konzerthaus bedient **Uwe Stiehm** die Gäste. Nichts deutet darauf hin, dass er bei einer Integrationsfirma beschäftigt ist und dass seine Arbeit ihm dazu verhilft, erfolgreich mit seiner Erkrankung zu leben. »Ich leide an einer Depression«, sagt er. »Die Arbeit hat mich herausgeholt. Sie stabilisiert mich, gibt mir meine Mitte wieder. Meine Krankheit ist nicht verschwunden, aber ich habe mich wieder hochgearbeitet.« Das Café Konzerthaus ist für ihn ein besonderer Arbeitsplatz. »Hier zu bedienen ist eine Auszeichnung«, sagt er, »das macht mich selbstbewusst.«

Uwe Stiehm verkörpert das, was die Mosaik-Services Integrationsgesellschaft mbH mit ihren Betrieben bezweckt: Menschen mit Behinderungen über die Arbeit Lebenssinn zu geben und ihnen ein tariflich bezahltes Arbeitsverhältnis zu bieten. Geschäftsführer Frank Jeromin: »Wir sind seit über zwanzig Jahren im Gastronomiegeschäft tätig. Das ist nicht immer einfach: Der Markt

in Berlin ist hart umkämpft. Wir punkten vor allem über die Qualität der Küche. Aber auch unser Service muss stimmen. Für unsere Mitarbeiter sind wir ein ganz normaler Betrieb. Auch wenn unser Personal überwiegend aus einer bestimmten Zielgruppe kommt, müssen wir uns am Markt behaupten wie alle anderen auch.«

liche Kundennachfrage durch quantitative und qualitative Interviews und Expertengespräche recht gut erhoben werden kann, war und ist die Auswahl möglicher Standorte, insbesondere die Bewertung der Lage, schwieriger. Ist z.B. die Standortauswahl mühsam abgeschlossen, müssen noch die Standortkosten – sprich Miete oder Pacht – als angemessen oder nicht angemessen bewertet werden.

Zusammengefasst lag die Zahl der verworfenen Projekte und Standorte erheblich höher als die der letztendlich realisierten. Bei den realisierten Projekten liegt die Quote der Fehleinschätzungen des Standortes bei 10 %, d. h. konkret, dass wir von unseren bisher zwanzig Standorten zwei vorzeitig schließen mussten.

Im Laufe der Zeit ersetzten wir kontinuierlich (nach Auslaufen der Miet- bzw. Pachtverträge) weniger aussichtsreiche Standorte durch aussichtsreichere. Dieses Vorgehen konnte bis heute betriebsbedingte Kündigungen verhindern, da alle Mitarbeiter an den neuen, meist größeren Standorten, weiter beschäftigt werden können.

Im Aufbau und Ausbau unseres Integrationsunternehmens gingen wir wie beschrieben vor. Doch es gab auch Ausnahmen von der Regel. So übernahmen wir neue, uns bislang unbekannte Bereiche von einem anderen Träger (Naturkost und Bäckerei). Später nahmen wir auch an Ausschreibungen zu bereits existierenden Gastronomiestandorten teil. Bei einem solchen Vorgehen kommt es zu neuen anderen Problemen, wenn man die Grundvoraussetzungen nicht selbst festlegen kann, z.B. Unzufriedenheit in der Belegschaft durch uneinheitliche Tarifstrukturen, schwierige Integration einer fremden Unternehmenskultur, Auseinandersetzungen im Zusammenhang mit einer Betriebsübernahme gemäß § 613a BGB (Betriebsübergang) etc.

Einfacher ist es, möglichst viel möglichst früh selbst bestimmen und entscheiden zu können.

Die Organisationsstruktur

Wichtigster Aspekt unseres Handelns war und ist es, möglichst eigenständige Standorte mit einem selbstständigen Außenauftritt aufzubauen bzw. zu

kreieren sowie Stigmatisierungstendenzen von Menschen mit Behinderungen entgegenzuwirken. Im Rückblick gibt uns auch die Akzeptanz am Markt und im Wettbewerb recht. So gibt es das »Charlottchen«, die Bäckerei »Steinmühle«, den Malereibetrieb »Palette« etc., mit den jeweils zuständigen Objektleitern und Chefs vom Dienst (CvD).

Übergeordnet bzw. außerhalb der Standorte führen branchenbezogene Abteilungsleiter(innen) bzw. Fachbereichsleiter(innen) die Struktur zusammen. Zur Abwicklung von verwaltungstechnischen Arbeiten entwickelte sich innerhalb der Mosaik-Services GmbH der neue Integrationsbereich »Bürodienstleistungen« (Fakturierung u.a.). Weitergehende Dienstleistungen werden gegen Entgelt durch die zentrale Verwaltung der Mosaik-Unternehmen erbracht (Controlling, Buchhaltung, Personalsachbearbeitung etc.). Die bereichsübergreifen-

den Projekte »Außenarbeitsgruppen« und »Ausbildungsoffensive« werden durch die Geschäftsführung und die Stabsstelle »Zuwendungscontrolling« nach den Empfehlungen der sozialpädagogischen Fachkräfte koordiniert.

Zwischen nichtbehinderten Mitarbeitern und Zielgruppenmitarbeitern wird grundsätzlich nicht unterschieden. Alle werden entsprechend ihrer arbeitsvertraglichen Aufgabenstellung angesprochen (Koch, Servicekraft, Maler, CvD etc.). Entsprechend sind die Zielgruppenmitarbeiter im Betriebsrat vertreten. Es gibt folglich für alle Mitarbeiter nur den Status Arbeitnehmer oder Auszubildender (Ausnahmen: Praktikanten und Außenarbeitsgruppen). Die Zielgruppenmitarbeiter haben das Recht und die Möglichkeit, jederzeit die interne sozialpädagogische Betreuung und Beratung in Anspruch zu nehmen, um z.B. mögliche direkte oder indirekte Einschränkungen, die sich aus der jeweiligen Behinderung ergeben, zu thematisieren und ggf. Arbeitsplatzanpassungen, Versetzungen sowie Umschulungen einzufordern.

Seit eineinhalb Jahren setzen wir im Sinne eines Paradigmenwechsels auf eine fachlich wie auch organisatorisch und äußerlich wahrnehmbare Fusion der Mosaik-Unternehmen. Alle Mosaik-Unternehmen bleiben dabei juristisch und wirtschaftlich jedoch selbstständig.

Die Zielgruppen

Obwohl von der Psychiatriereform motiviert und im Rahmen der Novellierung des Schwerbehindertenrechts durch den Aufbau eines Psychosozialen Dienstes an der beruflichen Rehabilitation für psychisch erkrankte Menschen beteiligt, bestand die Zielgruppe unseres ersten Integrationsprojektes aus Menschen mit geistigen Behinderungen, geistig-seelischen Entwicklungsrückständen sowie Lern- und Körperbehinderungen. Ausschließliches Ziel war es, zunächst tariflich entlohnte, teilgeschützte Arbeitsplätze in einem Integrationsprojekt (Zweckbetrieb) für Beschäftigte aus den Mosaik-Werkstätten zu schaffen. Dafür war der Einsatzbereich in unserem Restaurant (praktische Vor- und Nachbereitung der Küchenprozesse vor Ort) sehr geeignet. Mit der Ausweitung der Einsatzbereiche (z.B. Buffet und Servicetätigkeiten) und der damit verbundenen Verbreiterung und Erhöhung der Anfor-

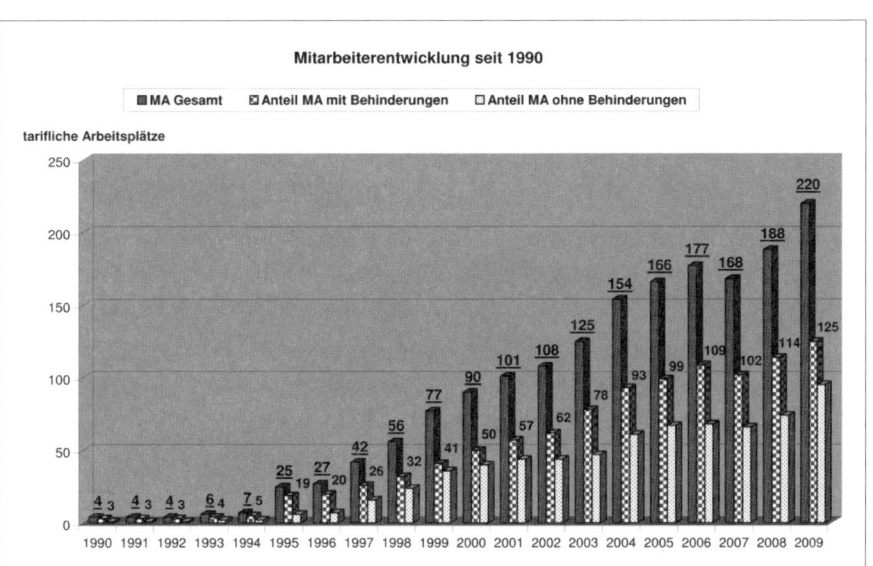

Mitarbeiterentwicklung seit 1990

■ MA Gesamt   ☒ Anteil MA mit Behinderungen   ☐ Anteil MA ohne Behinderungen

tarifliche Arbeitsplätze

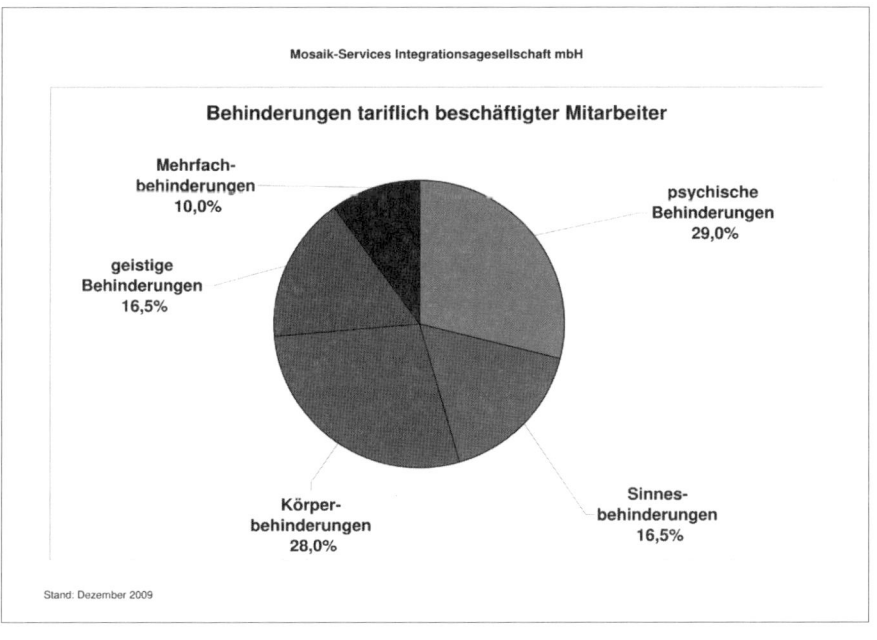

Mosaik-Services Integrationsagesellschaft mbH

Behinderungen tariflich beschäftigter Mitarbeiter

Mehrfach-
behinderungen
10,0%

psychische
Behinderungen
29,0%

geistige
Behinderungen
16,5%

Körper-
behinderungen
28,0%

Sinnes-
behinderungen
16,5%

Stand: Dezember 2009

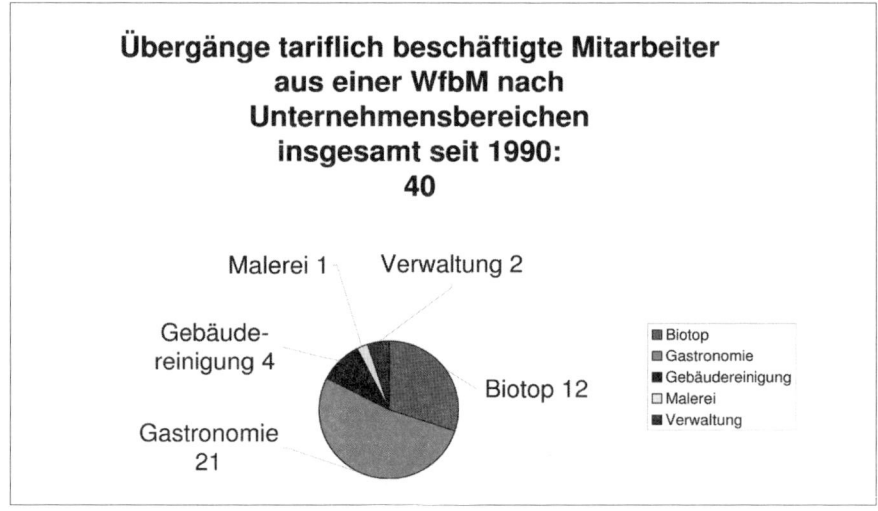

Übergänge tariflich beschäftigte Mitarbeiter aus einer WfbM nach Unternehmensbereichen insgesamt seit 1990: 40

Malerei 1

Verwaltung 2

Gebäude-reinigung 4

Biotop 12

Gastronomie 21

- Biotop
- Gastronomie
- Gebäudereinigung
- Malerei
- Verwaltung

derungsprofile (Rechnen, Fremdsprachenkenntnisse) erweiterte sich die Zielgruppe sehr früh um Menschen mit psychischen Erkrankungen. Diese Zielgruppe erreichte uns über eine WfbM für psychisch erkrankte Menschen, Eigeninitiativbewerbungen und Freie Träger der gemeindepsychiatrischen Versorgung. Mit der weiteren Ausweitung unserer Tätigkeitsfelder (Naturkost, Bäckerei, Malereibetrieb, Gebäudereinigung und zuletzt Bürodienstleistungen) sowie der Ausbildungsangebote (acht verschiedene Ausbildungsberufe) erweiterte sich die Zielgruppe um Menschen mit Sinnesbehinderungen (insbesondere Gehörlose) mit einem Tätigkeitsschwerpunkt in der Gebäudereinigung sowie Menschen mit Autismus (Bürodienstleistungen). Aktuell kommt ca. ein Drittel unserer Mitarbeiterinnen und Mitarbeiter aus Werkstätten (WfbM), wobei sich der Trend der Vermittlung aus den WfbM-Außengruppen direkt in tarifliche Ausbildungs- und Dauerarbeitsverhältnisse seit 2003 deutlich verstärkt hat. Konkret sind das jährlich fünf bis zehn erfolgreiche Vermittlungen allein aus den Mosaik-Werkstätten, entweder in den teilbeschützten Bereich des Integrationsunternehmens Mosaik-Services oder direkt in den (ungeschützten) allgemeinen Arbeitsmarkt.

Neue Mitarbeiter und ihre Qualifizierung

Die Anwerbung neuer Mitarbeiter mit Behinderungen erfolgt aktuell vornehmlich aus den bestehenden Außenarbeitsgruppen der WfbM. Darüber hinaus sind Bewerbungen aus anderen WfbM sowie Initiativbewerbungen von Bedeutung. Mit Ausnahme der »Ausbildungsoffensive« war es in den vergangenen zwanzig Jahren nicht erforderlich, externe Stellenausschreibungen in der Tages- oder Fachpresse vorzunehmen.

Qualifizierungsbedarfe bzw. Fortbildungswünsche der Zielgruppenmitarbeiter werden in regelmäßigen Beratungsgesprächen der sozialpädagogischen Fachkräfte besprochen und dokumentiert. Darüber hinaus wird der Qualifizierungsbedarf aller Mitarbeiter im Rahmen von Mitarbeiterbefragungen erhoben. Das Instrument jährlicher Personalentwicklungsgespräche wird aktuell, u.a. mit dem Schwerpunkt »Mitarbeiterentwicklung«, implementiert.

Das Spektrum der Qualifizierungsbedarfe ist so breit wie das Spektrum bereits mitgebrachter Qualifikationen und reicht von den Grundrechenarten, Rechtschreibung, Fachenglisch bis zur Ausbildereignungsprüfung, Meisterschulung und berufsbegleitender akademischer Studien.

Die Qualifikation des Anleitungspersonals

Unsere fachliche Einschätzung zur erfolgreichen Anleitung und Betreuung am Arbeitsplatz hat sich in den Jahren deutlich verändert. Setzten wir in den ersten Jahren weitgehend auf pädagogisch aus-gebildete Mitarbeiterinnen und Mitarbeiter, d.h. Diplompädagogen, Sozial-arbeiter, Erzieher auch in Anleitungsfunktionen, so sind es heute ausschließ-lich Fachkräfte der jeweiligen Branchen, denen durch unser Unternehmen berufsbegleitende pädagogische Zusatzausbildungen finanziert werden (z.B. Sonderpädagogische Zusatzausbildung, Schwerpunkt Integrationsprojek-te). Parallel installierten wir ein Team aus Diplomsozialpädagogen, Erzie-hern, Lehrern, Motopäden etc., das die arbeitsplatzübergreifende Betreuung und Beratung sicherstellt. Über den Arbeitsalltag hinaus war und ist die Ver-knüpfung beider Bereiche neben Reha-Konferenzen durch regelmäßige Standort- und Branchen-Teamsitzungen gewährleistet.

Diese maßgebliche Konzeptionsänderung, d.h. der Aufbau einer dualen Struktur, wurde erforderlich, da das Interesse der externen Kunden (Gäste, Auftraggeber) durch die anfangs einseitige pädagogische Herangehensweise zunehmend in den Hintergrund gedrängt wurde und unser Unternehmen in eine wirtschaftliche Schieflage geriet. Hätten wir in diesem Punkt nicht ge-gengesteuert, wäre das Integrationsprojekt schlussendlich gescheitert.

Alle Fachanleiterinnen und -anleiter wurden von Anfang an extern angewor-ben. Gesetzlich vorgeschriebene interne Stellenausschreibungen stießen we-gen der hohen Anforderungsprofile bei gleichzeitig unattraktiven Arbeits-zeiten in der WfbM auf keine Resonanz. Dabei empfiehlt es sich, die Ausschreibung als Branchenfachbetrieb und nicht als sozialer Träger vorzu-nehmen, da mögliche geeignete Bewerber sich unter einem »Integrations-unternehmen« in der Regel nichts vorstellen können.

Die Finanzierung

Als zu finanzierender Nachteilsausgleich wurde gegenüber dem Zuschuss-geber, hier in Berlin das Integrationsamt (damals Hauptfürsorgestelle), zu-nächst nur die erforderliche pädagogische Begleitung und Betreuung thema-tisiert. Im Rahmen der Psychiatriereform und nach Erfahrungen der ersten Firmenprojekte wurden Betreuungsschlüssel von 1:1 als erforderlich und an-gemessen angemeldet. Schlussendlich konnte ein Schlüssel von zunächst

1:5, später 1:8 (Sozialpädagogische Betreuung zu Zielgruppenmitarbeiter) verhandelt werden.

Unter »Echtbedingungen« im realen Arbeitsleben wurde jedoch – je nach Behinderung und Anforderungsprofil – die persönliche quantitative Minderleistung erfahrbar und die sich daraus ergebenden wirtschaftlichen Konsequenzen mehr als spürbar (wobei stets bis zu einer Minderleistung von 30 % kein Nachteilsausgleich erfolgte). Heute erfolgt eine Finanzierung in Form von Pauschalen nach § 27 SchwbAV bzw. § 132 ff. SGB IX bei ausschließlicher Zuständigkeit des Integrationsamtes Berlin. In unseren Unternehmen beträgt die Zuschussquote 10 bis 20 %, je nachdem, ob es sich um ein neues oder bereits langfristig tätiges Projekt handelt, da für die ersten beiden Jahre noch Lohnkostenzuschüsse (LKZ) bei der Agentur für Arbeit beantragt werden können, welche in Bewilligungshöhe und -dauer jedoch nicht mehr prognostizierbar sind.

Zusätzlich konnten in Einzelfällen bei der »Aktion Mensch« Zuwendungen aus der »Impulsförderung« erfolgreich beantragt werden. Die Bearbeitungsdauer ist aufgrund notwendiger Vorgutachten jedoch sehr lang und ein vorzeitiger Maßnahmebeginn nicht zulässig. Zusammengefasst stellt sich das Integrationsamt Berlin seit Jahren als einziger zuverlässiger Finanzierungspartner unseres Integrationsunternehmens dar.

Aktuelle Schlussbetrachtung

Die Psychiatriereform Ende der 1980er Jahre – mit den aus ihr hervorgegangenen gesetzlichen Veränderungen und der Fokussierung auf die berufliche Rehabilitation psychisch kranker Menschen – war maßgeblicher Ausgangspunkt und Katalysator für die berufliche Integration aller Menschen mit Behinderungen. Vor mehr als zwanzig Jahren betrachteten sich Firmenprojekte und WfbM daher – entsprechend ihrer Entstehungsgeschichte – als Gegenspieler. Heute ergeben sich – u.a. auch am Beispiel der Mosaik-Unternehmen – wertvolle, unverzichtbare Synergien in der Arbeit beider Protagonisten. Sind doch Werkstattarbeitsplätze in WfbM, Werkstattaußenarbeitsgruppen und tarifliche Ausbildungs- und Dauerarbeitsplätze in Integrationsprojekten sinnstiftende Perspektiven und Karrierechancen für Menschen mit Behinderungen. Damit sind WfbM nicht nur vollwertige, sondern notwendige Mitglieder einer Anbietergemeinschaft von und für aussichtsreiche Inklusionsangebote.

Die Forderung, dass jedes neue Instrument der Inklusion sich selbstverständlich mindestens kostenneutral zu gestalten hat, mag im Einzelfall sinnvoll sein, die ganze Wahrheit ist sie jedoch nicht. Zeigt doch die bekannte Rheinland-Pfalz-Studie von Egner und Schneider* das Gegenteil auf, denn man muss zunächst einmal Geld in die Hand nehmen, um zu einem späteren Zeitpunkt Einsparungen ernten zu können. Nämlich dann, wenn sich der ehemalige Werkstattbeschäftigte zum steuerzahlenden Arbeitnehmer entwickelt hat.

Unsere Erfahrungen – vor allem in der Kooperation von WfbM und Integrationsprojekten – zeigen dazu Folgendes:

– Die *Werkstattaußenarbeitsgruppen* haben sich für unseren Unternehmensverbund als wichtigste Innovation herausgestellt und bewährt. Zwar haben wir bereits vor 25 Jahren die erste Außenarbeitsgruppe mit der Firma G-Elit initiieren können (Jubiläum im Mai 2010), doch die Breite der umfangreichen Angebotspalette konnte erst in Zusammenarbeit mit der Mosaik-Services Integrationsgesellschaft aufgebaut werden (Gastronomie, Gebäudereinigung, Malerei, Bürodienstleistungen etc.).
– Eine 2003 gemeinsam mit dem Integrationsamt Berlin im Unternehmen

---

* Annemarie Egner, Heiner Schneider: Arbeit für Menschen mit Behinderung. Vergleich gesamtfiskalischer Betrachtung verschiedener Beschäftigungsarten in Rheinland-Pfalz, im Auftrag des Ministeriums für Arbeit, Soziales, Familie und Gesundheit, Mainz, 2005, http://www.masfg.rlp.de/Soziales/Dokumente/Behinderte_Menschen/Studie_Arbeit.pdf

initiierte *Ausbildungsoffensive* für Menschen mit Behinderungen, insbesondere aus WfbM, führte im Kontext mit den vorgenannten Außenarbeitsgruppen zu einer stabilen Zahl von Ausbildungsinteressierten aus Werkstätten (drei bis sechs neue betriebliche Ausbildungsverhältnisse pro Jahr bei insgesamt ca. 44 betrieblichen Ausbildungsverhältnissen, davon zwei Drittel für Menschen mit Behinderungen).

– *Controlling* und betriebswirtschaftliche *Modellkostenrechnungen* (vor Beginn eines Vorhabens) durch das Integrationsunternehmen hatten bedeutsamen Einfluss auf die Arbeit in unserer WfbM. Eine professionelle Arbeit ohne Einbeziehung der jeweils notwendigen Kennzahlen (wie Umsatz / Aufwand nach Kostenstellen, Wareneinsatz, Personaleinsatz, Vorjahresvergleich, prospektive Wirtschaftskennzahlen etc.) erscheint uns heute nicht mehr nachvollziehbar.

– Auch die *Vermeidung von Stigmatisierung* konnte in Integrationsprojekten meines Erachtens weitgehend sichergestellt werden, denn die professionelle Dienstleistung / Arbeit für den externen Kunden wird in den Vordergrund gestellt, nicht die Arbeit mit den Menschen mit Behinderungen. Diese positiven Erfahrungen konnten in die WfbM zurückgespiegelt werden und führten dort zu neuen Projekten, die die Vermeidung möglicher Stigmatisierungsfaktoren als eine ihrer Hauptaufgaben benennen.

– Die Integration der Zielgruppenmitarbeiter im Integrationsunternehmen, im Rahmen tariflicher Dauerarbeitsverhältnisse, führte im Sinne der Inklusion zu einer *weitergehenden gesellschaftlichen Integration* (wirtschaftliche Eigenständigkeit, eigene Wohnung, Gründung eigener Familie). Damit sich der einzelne Zielgruppenmitarbeiter in einem Raum ohne Stigmatisierungen entwickeln konnte, brauchte es nach außen erkennbare »normale« Branchenstandorte mit professionellen, marktfähigen Leistungen zu kalkulierten, vernünftigen Preisen.

– Die Anwendung *branchenspezifischer Tarife* im Integrationsunternehmen hat sich nach Einschätzung der Geschäftsführung und des Betriebsrates sehr bewährt und führt im Bereich der Personalsachbearbeitung nicht zu Mehrbelastungen (trotz der Anwendung von zurzeit acht Tarifwerken nur ein Personalsachbearbeiter). Voraussetzung: Die Anwendung der Tarife muss exakt und schnittstellengenau auf den Unternehmensbereich festgelegt sein, für den er angewendet werden darf. Ergebnis: Ein gutes Betriebsklima mit hoher Mitarbeiterzufriedenheit. Diese Erfahrung kann ggf. auch für die WfbM die Prüfung eines solchen Vorgehens sinnvoll erscheinen lassen.

Im Februar 2010 Jahres konnte die Mosaik-Services Integrationsgesellschaft m.b.H. »20 Jahre – 20 Standorte« feiern. Anton Senner als Geschäftsführer der Bundesarbeitsgemeinschaft Integrationsfirmen stellte dazu fest, dass Mosaik-Services heute mit über 220 Mitarbeitern eines der größten Integrationsunternehmen in Deutschland geworden ist. Gleichwohl bleibt bei bundesweiter Betrachtung festzustellen, dass tragfähige Förderinstrumente mit sicheren Rahmenbedingungen (Werkstattaußenarbeitsgruppen, verbundene betriebliche und überbetriebliche Ausbildungsprojekte) und angemessener *verlässlicher* (Mit)Finanzierung in den meisten Regionen unseres Landes noch nicht ausreichend bekannt, gewollt und realisiert sind.

Kurz gefasst

Unternehmensziel: *Schaffung von Dauerarbeits- und Ausbildungsverhältnissen zu tariflichen Bedingungen für von Behinderungen besonders betroffenen Menschen (u.a. Vermittlung von schwerbehinderten Mitarbeitern aus WfbM in tarifliche Arbeitsverhältnisse).*

Zielgruppe: *Menschen mit geistigen, psychischen und Sinnesbehinderungen*

Träger: *Mosaik-Services Integrationsgesellschaft mbH*

Zahl der Beschäftigten: *220 tarifliche Mitarbeiter, davon 125 lern- und schwerbehinderte Mitarbeiter, davon 30 Azubis (Stand 31.12.2009); bisher 40 Übergänge aus WfbM vermittelt*

Kontaktpersonen: *Frank Jeromin, Geschäftsführer; B. Pfau, Referentin*

Kontaktdaten: *Mosaik-Services Integrationsgesellschaft mbH | Ifflandstraße 12 | 10179 Berlin | Tel. 030 / 219 90 7-0 | E-Mail: f.jeromin@mosaik-berlin.de | www.mosaik-services.de |*

Autor des Beitrags: *Frank Jeromin*
Die ungekürzte Fassung dieses Beitrags (insbesondere erweitert um das Thema »Entstehung und Ausgangssituation von Integrationsprojekten«) kann angefordert werden unter: f.jeromin@mosaik-berlin.de

Körperbehindert und »normaler« Arbeitnehmer

Die Besondere Werkstatt der Pfennigparade, München

Was können qualifizierte Menschen mit einer Körperbehinderung tun, wenn es trotz ihrer viel versprechenden Kenntnisse und Fähigkeiten kein Arbeitgeber wagt, sie anzustellen? Der allgemeine Arbeitsmarkt bleibt offenbar für sie verschlossen. Dennoch ist für einige unter ihnen ein Berufsleben in einer traditionellen Werkstatt für behinderte Menschen einfach nicht vorstellbar. Vor diesem Dilemma standen im Jahr 1973 zwölf ausgebildete Programmierer, die als Rollstuhlfahrer vergeblich nach einer Anstellung suchten. Das Münchner Großunternehmen Siemens interessierte sich jedoch sehr für die eindrucksvollen Qualifikationen der behinderten Fachleute. So versprach ihnen Siemens Softwareentwicklungsaufträge für zwei Jahre unter der Bedingung, dass sie ein eigenes Unternehmen gründeten. Für die noch im selben Jahr ins Leben gerufene Firma kamen dann immer mehr Aufträge auch von anderen Kunden hinzu. Ganz nach dem Motto »Hilfe zur Selbsthilfe« entwickelte sich aus der ursprünglichen 12-Mann-starken Keimzelle bis heu-

te die Werkstatt für rund 750 körperbehinderte Menschen sowie eine Integrationsfirma mit weiteren rund 150 körperbehinderten und nicht behinderten Mitarbeitern innerhalb der Stiftung Pfennigparade.

Die Wurzeln der Pfennigparade als eines der größten deutschen Rehabilitationszentren für körperbehinderte Menschen reichen bis ins Jahr 1952 zurück. Die Stiftung verfügt heute über einen wertvollen Erfahrungsschatz in der schulischen, beruflichen und sozialen Rehabilitation. Derzeit lernen, wohnen und arbeiten in der Pfennigparade rund 3000 behinderte und nicht behinderte Menschen.

Was macht die Besondere Werkstatt so »besonders«?

Neben einem klassischen Werkstattbereich mit für Werkstätten üblichen Dienstleistungen aus Bereichen wie Kunsthandwerk, Schreinerei und Konfektionierung werden in der sogenannten »Besonderen Werkstatt« IT-Dienstleistungen sowie technische und kaufmännische Dienstleistungen erbracht. Hier arbeiten über 200 qualifizierte körperbehinderte Menschen in herausfordernden, modernen Arbeitsgebieten der IT- und Bürowelt, unterstützt von rund 150 behinderten und nicht behinderten Kollegen der Schwesterfirma SIGMETA, einer Integrationsfirma ebenfalls unter dem Dach der Pfennigparade.

Dieses gemeinsame Arbeitsmodell hat sich in den vergangenen Jahren als ein zukunftsweisendes Erfolgskonzept erwiesen: Erfolg aufgrund erstklassiger beruflicher Förderung behinderter Menschen. Erfolg aufgrund herausragender Übergangsquoten behinderter Personen auf den allgemeinen Arbeitsmarkt. Letztendlich auch Erfolg aufgrund professioneller Dienstleistungen in vertrauensvollen, langjährigen Kundenbeziehungen. Dieses Erfolgsmodell trägt in hohem Maße dazu bei, dass im gesamten Arbeitsbereich der Pfennigparade jährlich zwischen 25 und 30 Mio. Euro Umsatz erzielt werden.

Ein ganz »normaler« Arbeitsvertrag

Besonders ist aber nicht nur die Ausgefallenheit und Professionalität der angebotenen Leistungen. In erster Linie geht es darum, dass die Besondere Werkstatt all ihren Mitarbeitern einen »richtigen« Arbeitsvertrag mit leistungsorientierten, marktgerechten Gehältern bietet. Und dies ist in Deutschland mehr oder weniger einzigartig.

Die Pfennigparade beschäftigt also schwer körperbehinderte Menschen sowohl mit bei Werkstätten üblichen Beschäftigungsvereinbarungen (»Klassische Werkstatt«) als auch im Rahmen von sozialversicherungspflichtigen Arbeitsverhältnissen mit tariforientierten Arbeitsverträgen (»Besondere Werkstatt«). In beiden Fällen haben die behinderten Menschen den Status von Werkstattbeschäftigten, die mit Empfehlung des Fachausschusses in die Werkstatt aufgenommen werden.

Dieses besondere Modell findet sich im Werkstattrecht bestätigt. So wird in § 138 Abs. I SGB IX und näher in § 13 Abs. I Satz 1 WVO festgelegt, dass behinderte Menschen im Arbeitsbereich anerkannter Werkstätten, wenn sie nicht Arbeitnehmer sind, zu den Werkstätten in einem arbeitnehmerähnlichen Rechtsverhältnis stehen. Das parallele Bestehen zweier unterschiedlicher Strukturen in den Vertragsbeziehungen der Werkstatt zu ihren Beschäftigten – also in der Klassischen Werkstatt mit Beschäftigungsvereinbarung und in der Besonderen Werkstatt mit Arbeitsvertrag – ist somit gesetzlich vorgesehen und verankert.

Bei den Beschäftigten der Besonderen Werkstatt handelt es sich ausschließlich um gut bis sehr gut qualifizierte Personen (z.B. Informatiker, Techniker und Kaufleute). Dennoch bleibt unbestritten, dass bereits eine anerkannte Schwerbehinderung, vielleicht noch ergänzt um geringe Berufserfahrung und die Befürchtungen hinsichtlich möglicher Erschwernisse im Berufsalltag, vielfach eine zu hohe Hemmschwelle zur Einstellung auf dem allgemeinen Arbeitsmarkt darstellt. Dies gilt auch für gut ausgebildete Menschen, die eventuell auf den ersten Blick nicht wie typische Werkstattbeschäftigte erscheinen. Aber auch sie bedürfen häufig zunächst eines geschützten Rahmens. Nach oftmals jahrelanger Odyssee fehlgeschlagener

»Ich bin wirtschaftlich unabhängig.«

Bernd Gratzke arbeitet auf einem ausgelagerten Arbeitsplatz der Stiftung Pfennigparade beim Kunden BMW. Seine Hauptaufgabe ist die IT-technische Unterstützung im Fahrzeugentwicklungsbereich. Zusammen mit fünf weiteren Kollegen der Pfennigparade kümmert er sich insbesondere um mobile Rechner wie etwa Messlaptops der BMW-Mitarbeiter. Ein schwerer Mopedunfall im Alter von 16 Jahren war der Wendepunkt in seinem Leben. Nach dem Zusammenprall mit einem großen  Bus musste ihm ein Arm amputiert werden. Außerdem kämpft er mit diversen Folgebeschwerden an den Nervenaustrittsstellen im Rücken und an der Schulter.

»Es brach damals eine Welt für mich zusammen«, berichtet er. »Vor dem Unfall hatte ich mich für 25 Jahre Militärdienst verpflichtet und war sehr sportlich und kerngesund.« Schon während seiner anschließenden Ausbildung zum Kommunikationselektroniker Fachrichtung Informationstechnik am Berufsbildungswerk Neckargemünd folgte für Bernd Gratzke eine Odyssee erfolgloser Bewerbungsaktivitäten auf dem allgemeinen Arbeitsmarkt. Die Besondere Werkstatt der Pfennigparade war wie ein Rettungsanker für den jungen Mann. Auf dem ausgelagerten Werkstattplatz wird er entsprechend seinen Interessen und Fähigkeiten mitten im fortschrittlichen Umfeld des großen Münchner Automobilherstellers gefördert, aber auch immens gefordert. Gleichzeitig ist er – dank eines richtigen Arbeitsvertrags mit der Werkstatt – wirtschaftlich unabhängig und zahlt Steuern wie jeder nicht behinderte Erwerbstätige auch. »Durch den Einsatz in der Besonderen Werkstatt konnte ich meine Leistungsfähigkeit entwickeln und großes fachliches Know-how aufbauen. Bei BMW habe ich mir einen Namen gemacht. Nicht zuletzt beweisen meine Kollegen und ich täglich, dass man behinderten Menschen mehr zutrauen sollte. Man muss ihnen nur die Chance dazu geben. Ich möchte nicht wissen, wie mein bisheriges Arbeitsleben ohne die Pfennigparade ausgesehen hätte.«

Bewerbungsaktivitäten und folglich zunehmender Verjährung der in Ausbildungs- und Umschulungsprogrammen erlernten Fähigkeiten werden sie im geschützten Umfeld der Besonderen Werkstatt schrittweise an einen professionellen Arbeitsplatz herangeführt. Anstelle der psychischen Belastung durch anhaltende Ausgrenzung aus dem Arbeitsleben treten der Aufbau von Selbstbewusstsein und Vertrauen in die eigene Leistungsfähigkeit. Als Alternative zu Arbeitslosigkeit erweist sich die Aufnahme in die Besondere Werkstatt als ideale Fördernische und gegebenenfalls als Sprungbrett für die Integration in den sogenannten allgemeinen Arbeitsmarkt.

Seit dem Jahr 1999 wird die Besondere Werkstatt von einer Schwestergesellschaft – der SIGMETA Informationsverarbeitung und Technik GmbH – unterstützt. Als Integrationsfirma im Verbund der Pfennigparade bietet die SIGMETA Arbeitsplätze für behinderte und nicht behinderte Mitarbeiter. Einerseits wickelt sie im Bereich Netzwerkinfrastruktur, Servertechnologien und IT-Support bzw. -Sicherheit eigene Projekte ab. Andererseits unterstützt

sie die Besondere Werkstatt bei der Ausführung zahlreicher Kundenaufträge. Ganz im Sinne der Inklusion ermöglicht diese Kooperation bereits innerhalb der Arbeitsteams ein Zusammenarbeiten von behinderten und nicht behinderten Menschen, die wiederum – bei

Projektabwicklung vor Ort im Kundenunternehmen – integriert sind in die ganz »normale Arbeitswelt normaler Menschen«.

Der ausgelagerte Arbeitsplatz im Fokus

Ein weiteres Merkmal der Besonderen Werkstatt ist die herausragende Bedeutung von ausgelagerten Arbeitsplätzen. Seit jeher wurde bei der Pfennigparade besonderen Wert darauf gelegt, neben internen Arbeitsplätzen ein möglichst breit gefächertes Angebot an Beschäftigungsmöglichkeiten vor Ort bei Kundenunternehmen einzurichten, um behinderten Menschen zu einem Platz in der Mitte der Gesellschaft zu verhelfen. Denn ein Außenarbeitsplatz bedeutet nicht nur eine fast normale Arbeitswelt mit möglichst realistischen Arbeitsbedingungen, sondern auch den alltäglichen Kontakt zu nicht behinderten Kolleginnen und Kollegen.

Neben verschiedenen internen Arbeitsmöglichkeiten stellen die ausgelagerten Arbeitsplätze – ob einzeln, in der Gruppe, zeitweise oder dauerhaft ausgerichtet – den bei Weitem größten Teil des Beschäftigungsangebots der Besonderen Werkstatt dar. Neben dauerhaft ausgelagerten Arbeitsplätzen (nach § 136 Abs. I Satz 4 bis 6 SGB IX sowie § 5 Abs. I WVO) verfügt die Besondere Werkstatt auch über Außenarbeitsplätze, die von Anfang an auf Zeit (im Sinne von § 5 Abs. IV Satz 1 WVO) angelegt sind und bei denen der Übergang in ein Anstellungsverhältnis des ersten Arbeitsmarkts kurz bevorsteht. Bei allen Formen der eingerichteten Außenarbeitsplätze steht die Förderung der berufspraktischen Kompetenzen mit dem Ziel des Übergangs auf den allgemeinen Arbeitsmarkt im Mittelpunkt aller Bemühungen.

Dennoch gibt es auch innerhalb der Besonderen Werkstatt körperbehinderte Personen, für die aufgrund eines sehr hohen Pflegebedarfs oder auch fehlender persönlicher Bereitschaft ein ausgelagerter Arbeitsplatz nicht in Frage kommt. Für diese Beschäftigten sind verschiedene interne Arbeitsgruppen innerhalb der Werkstatträume eingerichtet. Dort können Kundenaufträge, die per E-Mail, Telefon, Post oder Standleitung eingehen, bearbeitet werden, ohne dass Abstriche bei individuellen Hilfen für Pflege, Toilette oder Nahrungsaufnahme gemacht werden müssten. Für manche schwerstbehinderten Menschen ist die enge räumliche Nähe von Arbeitsstätte, Wohnung und Pflegepersonal unerlässlich, um Teilhabe am Arbeitsleben überhaupt zu ermöglichen. In einigen Fällen werden mit Mitarbeitern auch Vereinbarungen zur Telearbeit getroffen, so dass Aufgaben zumindest teilweise sogar von zu Hause aus erledigt werden können.

Letztendlich ist die Besondere Werkstatt in der Angebotspalette der Pfennigparade zur beruflichen Förderung behinderter Menschen nur ein Mosaikstein, wenn auch ein sehr wichtiger: So gibt es unter dem Dach der Pfennigparade verschiedenste Beschäftigungsmöglichkeiten, angefangen bei einer Förderstätte über die Klassische und die Besondere Werkstatt bis hin zu einer Integrationsfirma für behinderte und nicht behinderte Menschen.

Anspruchsvolle Arbeitsangebote in fortschrittlichen Bereichen

Gerade für Menschen mit einer Körperbehinderung erweist sich das Arbeitsfeld der Informationstechnologie als sehr gut geeignet, um mit guten Kenntnissen und Leistungen überzeugen zu können, während behinderungsbedingte Einschränkungen dank IT und Technik weitgehend ausgeglichen werden. Denn es gibt kaum eine Körperbehinderung, die den Einzelnen daran hindert, ein guter Informatiker, Ingenieur oder Bürokaufmann zu sein. So sind technische Hilfsmittel wie Mund- oder Kopfstäbe, Braille-Tastaturen und Sprachausgabevorrichtungen für beispielsweise Programmierer gängige Hilfsmittel, die an den Werkstattarbeitsplätzen zu finden sind.

Die Besondere Werkstatt besteht aus den Pfennigparade-Töchtern PSG Programmier-Service GmbH, spezialisiert auf Informationstechnologie und Technik, sowie BKG Büro-Kommunikation GmbH, spezialisiert auf bürokaufmännische Tätigkeiten.

In der PSG werden den Mitarbeitern Arbeitsmöglichkeiten in folgenden Bereichen geboten:

1. Informationstechnologie: Entwicklung und Betrieb von IT-Anwendungen, Applikations- und Systembetreuung, IT-Helpdesk, Internet und Webanwendungen

2. Elektrotechnik & Maschinenbau: Prozess- und Produktionsbetreuung, Messtechnik, Prüfverfahren, Prognoseverfahren, Entwicklungsunterstützung

3. Barrierefreiheit im Internet

4. Belegverarbeitung & Scanning (z. B. Rechnungseingangsmanagement inkl. Arbeitsvorbereitung, Scanning, OCR, Dokumentenmanagement)

5. Archivierung (z. B. Elektronische Personalakte)

6. Mikroverfilmung

Die Werkstattgesellschaft BKG dagegen umfasst derzeit die Tätigkeitsfelder:

7. Kaufmännische und technische Sachbearbeitung sowie

8. Team- und Projektassistenz

durchgängig in den Fachbereichen Backoffice, Hotline/Helpdesk, First- und Secondlevel Support, Daten- und Datenbankmanagement, Personalwesen, Bestell- und Auftragswesen, Buchhaltung, Rechnungswesen und Logistik.

Langjährige Kooperation mit Kundenunternehmen

Die Besondere Werkstatt konnte in den vergangenen Jahrzehnten ein eindrucksvolles Kundennetzwerk aufbauen. Heute pflegt sie langjährige, vertrauensvolle Geschäftsbeziehungen zu annähernd 100 großen und mittelständischen Unternehmen, die immer wieder aufs Neue von der herausragenden Motivation der körperbehinderten Mitarbeiter beeindruckt sind. Mit dem Hauptstandort in München sowie ausgelagerten Arbeitsgruppen in Stuttgart und Franken bietet die Besondere Werkstatt professionelle Dienstleistungen im gesamten süddeutschen Raum an. Zum engsten Kundenstamm gehören namhafte Unternehmen wie die BMW Group, Bosch, Siemens, die Münchener Rückversicherungs-Gesellschaft, Bosch-Siemens-Hausgeräte (BSH), die BayWa und die UniCredit Group.

Die vertragliche Basis der Besonderen Werkstatt zu ihren Kunden sind Rahmen- und Einzelaufträge in Form von Dienst- oder Werkverträgen. Seit einigen Jahren verstärkt sich zunehmend die Tendenz, dass Kunden bevorzugt ganze Teilprozesse auslagern, die von Anfang bis Ende von der Werkstatt geplant, organisiert und abgewickelt werden.

Bei der Anrechenbarkeit von Aufträgen gemäß § 140 SGB IX auf die Ausgleichsabgabe für nicht besetzte Schwerbehindertenpflichtplätze bestehen keine rechtlichen Besonderheiten. Kunden können demnach 50 % der in den Rechnungen ausgewiesenen Arbeitsleistung auf eine eventuell zu entrichtende Ausgleichsabgabe anrechnen.

Ausgewählte Projektbeispiele

Fahrzeugerprobung im Entwicklungsressort der BMW AG

Im Jahr 2008 hat die Besondere Werkstatt das von BMW ausgeschriebene

Projekt »Servicevertrag E-Ressort« in Eigenverantwortung übernommen. BMW-Versuchsingenieure im Fahrzeugentwicklungsbereich werden am Standort München sowie bei Fahrzeugerprobungen im Ausland, insbesondere in USA, Schweden und Südafrika von bis zu zwölf körperbehinderten Mitarbeitern unterstützt. Die Kollegen der Besonderen Werkstatt sorgen bei diesem Auftrag für die IT-technische Betreuung mobiler Systeme für Messungen bei Fahrzeugerprobungen und an Prüfständen sowie für Netzwerkaufbau und -anbindung im Ausland. Heute sind in diesem Beschäftigungsfeld noch sechs Mitarbeiter der Pfennigparade im Einsatz.

Rechnungseingangs-Management für die BayWa AG

Seine jährlich rund 1,3 Mio. Waren- und Kostenbelege hat der Handelskonzern BayWa der Pfennigparade anvertraut. Erhebliche Mengenschwankungen der Belege im Jahresverlauf sowie großer Personalaufwand waren Auslöser für das Outsourcing. Heute werden die Belege von körperbehinderten Mitarbeitern der Besonderen Werkstatt – unterstützt durch Kolleginnen und Kollegen des Klassischen Werkstattbereichs – tagesaktuell verarbeitet. Die Tätigkeiten umfassen die Arbeitsvorbereitung, die tagesaktuelle Belegerfassung, das Scannen der Belege mit vier Hochleistungsscannern sowie die Bereitstellung der Ergebnisse in digitaler Form für die Weiterverarbeitung.

Antragsmanagement Leasing & Finanzierung für die BMW Bank GmbH

Die Besondere Werkstatt konnte im Jahr 2004 im Rahmen eines Ausschreibungsprozesses zum Antragsmanagement aus dem Kerngeschäft Leasing & Finanzierung die BMW Bank überzeugen. Seitdem werden das Antragsmanagement und weitere Abteilungen der BMW Bank sowie der Alphabet Fuhrparkmanagement GmbH durch bis zu 40 qualifizierte körperbehinderte Mitarbeiter unterstützt. Projektinhalte sind unter anderem die Prüfung sämtlicher Unterlagen der Leasing- und Finanzierungsverträge, die Datenerfassung und Aktivierung der Auszahlungsprozesse und die Unterstützung in der Kundenbetreuung (Angebots-/Rechnungserstellung, Kalkulationen).

Aufnahme von qualifizierten Werkstattbeschäftigten

Aufgrund ihrer Spezialisierung auf körperbehinderte Menschen hat die Werkstatt der Stiftung Pfennigparade ein bundesweites Einzugsgebiet.

Alle Arbeitsangebote für qualifizierte körperbehinderte Bewerber in den Bereichen IT, Technik und in bürokaufmännischen Tätigkeiten sind auf der Homepage der Stiftung Pfennigparade (www.pfennigparade.de) einzusehen. Außerdem werden die jeweils aktuellen Einsatzmöglichkeiten auch der Agentur für Arbeit, diversen Hochschulen sowie privaten Vereinen für körperbehinderte Menschen gemeldet und sind in deren Internetauftritten zu finden.

Über die Aufnahme von interessierten körperbehinderten Menschen in die Besondere Werkstatt wird wie bei jeder anderen Werkstatt im Fachausschuss beraten. Dieses Gremium entscheidet, ob ein Bewerber des geschützten Werkstattrahmens bedarf und ob für seine Weiterentwicklung das Konzept der Besonderen Werkstatt geeignet ist.

Der Rehabilitationsauftrag im Arbeitsalltag

Die Besondere Werkstatt kann mittlerweile auf jahrzehntelange Erfahrung in der Vermittlung arbeits- und berufsspezifischer Kenntnisse und der beruflichen Mobilisierung zurückgreifen. Alle Arbeitsplätze sind – ob intern oder ausgelagert – praxisorientiert zugeschnitten. Sie fördern den Werkstattbeschäftigten entsprechend seinen Interessen und Fähigkeiten individuell und bringen ihm faktisch die Arbeitsbedingungen des ersten Arbeitsmarkts nahe.

Das Bestreben ist dabei stets, eine größtmögliche Normalität in den Arbeitsbedingungen zu schaffen, wodurch der behinderte Beschäftigte lernt, Verantwortung zu übernehmen. Nicht zuletzt trägt hierzu schon allein der mit dem besonderen Werkstattplatz verknüpfte Arbeitnehmerstatus bei. So entsteht für den behinderten Mitarbeiter die Situation eines (fast) ganz »normalen« Arbeitnehmers mit einer leistungs- und marktgerechten Entlohnung, aber auch mit allen entsprechenden Rechten und Pflichten.

Unterstützung und Schutz für den Werkstattbeschäftigten, gleichzeitig aber auch Einfordern der vereinbarten Leistung vom Arbeitnehmer: dies sind die zwei Seiten der Medaille in der Beziehung zwischen der Besonderen Werkstatt und ihren behinderten Beschäftigten. Und dies kennzeichnet auch ein gewisses Spannungsfeld zwischen Fördern und Fordern, in dem sich das Fachpersonal der Besonderen Werkstatt im Betreuungsalltag bewegt.

In der Rehabilitationsarbeit der Besonderen Werkstatt stehen die bedarfsgerechte, berufliche Förderung und die Kompensation von behinderungsbedingten Einschränkungen durch Technik im Zentrum der Bemühungen. Durch intensives »Training on the job« unter weitgehend markttypischen Arbeitsbedingungen und durch die Bestätigung, den Anforderungen des Arbeitsalltags gewachsen zu sein, steigen die Chancen des Übergangs auf den allgemeinen Arbeitsmarkt stark an.

An ihren internen und ausgelagerten Arbeitsplätzen werden die Beschäftigten von qualifiziertem Werkstattpersonal begleitet. Die Betreuung erfolgt in einer Intensität, die die Bedarfe, aber auch Wünsche der einzelnen Mitarbeiter berücksichtigt. Während für alltägliche, fachliche Fragen entweder ein Teamleiter der Werkstatt oder ein Ansprechpartner des Kundenunternehmens zur Verfügung steht, wird in Feedback- und Beurteilungsgesprächen der Stand der beruflichen Weiterentwicklung und Integration regelmäßig geprüft. Dabei werden entsprechende Weiterbildungsaktivitäten und sonstige Rehabilitationsmaßnahmen gemeinsam vereinbart und anschließend veranlasst.

Für die Förderung der Werkstattmitarbeiter sind innerhalb der Pfennigparade außerdem zahlreiche Fachdienste eingerichtet, die berufsbegleitende Therapien anbieten. Neben allen wichtigen Fachbereichen für körperbehinderte Menschen wie beispielsweise Logo-, Ergo- und Physiotherapie, kümmern sich ein Sozialdienst und ein eigener Pflegedienst um die Belange der behinderten Menschen. Ebenso stehen zahlreiche behinderungsgerechte Mietwohnungen zur Verfügung.

Der Schwerpunkt der Rehabilitationsarbeit liegt auf der Förderung arbeits- und berufsspezifischer Kenntnisse. Die kontinuierliche Weiterqualifizierung ihrer Beschäftigten ist für die Besondere Werkstatt eine Selbstverständlichkeit. Zum einen geht es hierbei um Fachschulungen in Informationstechnologie, Technik und kaufmännischen Fertigkeiten. Zum anderen werden aber auch fachübergreifende Fähigkeiten nicht vernachlässigt: diesbezügliche Fortbildungsaktivitäten decken Bereiche wie Kommunikationstechniken und Rhetorik, Arbeitsplanung und Zeitmanagement, Teamfähigkeit oder Projektmanagement ab.

Nicht zuletzt beziehen sich die Fördermaßnahmen auch auf die Persönlichkeitsentwicklung der Mitarbeiter, sei es im Tagesgeschäft oder bei Schulungen bzw. persönlichen Coachings durch spezialisierte Fachkräfte. Bearbeitet werden Themen wie Selbsteinschätzung und Selbstvertrauen, psychische Stabilität, Team- und Konfliktfähigkeit oder auch mit Suchtkrankheiten verbundene Problemfelder. Bei Bedarf begleitet der Psychologische Dienst der Pfennigparade nicht nur die Werkstattbeschäftigten in Einzel- oder Gruppengesprächen, sondern unterstützt auch das Fachpersonal beim Finden von Lösungsansätzen und geeigneten Therapieformen.

Neben diesen arbeitsbegleitenden Maßnahmen zur Erhöhung der Leistungsfähigkeit und Weiterentwicklung der Persönlichkeit hat die Besondere Werkstatt außerdem ein zusätzliches Abend-/Samstags-Schulungsprogramm aufgebaut. Dieses Angebot wird in Kooperation mit regionalen Fortbildungsträgern organisiert, von der Besonderen Werkstatt finanziert und steht allen Werkstattbeschäftigten, zusätzlich zu den Schulungen während der Arbeitszeit, offen. Bei diesem Weiterbildungsangebot mit ca. 200 Terminen pro Jahr können die Mitarbeiter in ihrer Freizeit in neue Themen »hineinschnuppern«. Es geht um Fachthemen wie etwa Programmier- oder Fremdsprachen, aber auch um Soft Skills wie z. B. Konfliktmanagement.

Selbstverständlich sorgt die Besondere Werkstatt auch für die behinderungsgerechte Einrichtung aller Arbeitsplätze, die im Falle der Außenarbeitsplätze in enger Abstimmung mit dem jeweiligen Kundenbetrieb erfolgen muss. In regelmäßigen Abständen werden außerdem die Übernahmemöglichkeiten in ein festes Anstellungsverhältnis beim Kundenbetrieb geprüft. Hier wird wiederum der ganz besondere Sprungbrettcharakter dieses Arbeitsmodells deutlich: je nach Wirtschafts- und Arbeitsmarktlage beträgt die

Integrationsquote von Werkstattbeschäftigten auf den sogenannten allgemeinen Arbeitsmarkt bis zu zehn Prozent pro Jahr.

Besonderheiten der Finanzierung

Durch die hohe Wertschöpfung aus der von qualifizierten behinderten Beschäftigten erbrachten Dienstleistung führt die Besondere Werkstatt die Rehabilitationsmaßnahmen ohne Inanspruchnahme von Vergütungen der überörtlichen Sozialhilfeträger durch. Jegliche Gehaltskosten der Werkstattbeschäftigten wie auch des Betreuungs- und Verwaltungspersonals werden folglich allein aus den Erlösen der verkauften Dienstleistungen finanziert. Die Herausforderung hierbei ist, die von behinderten Menschen geleistete Arbeit zu einem wirtschaftlich verwertbaren und marktüblich entlohnten Gut mit positivem Image zu transformieren.

Das Modell »Werkstattbeschäftigte als Arbeitnehmer« ermöglicht es behinderten Menschen, ihre für Werkstattbeschäftigte sonst übliche Rolle als Leistungsempfänger aufzugeben. In der Besonderen Werkstatt werden sie zu Leistungserbringern für die Gesellschaft. Denn für ihre Arbeitsleistung erhalten sie eine tariforientierte Entlohnung und tragen durch die damit verbundenen Sozialversicherungsabgaben und Einkommenssteuerzahlungen wie jeder andere Arbeitnehmer zum Bruttoinlandsprodukt bei. Nicht zuletzt sorgt ein »richtiger« Arbeitsvertrag mit marktgerechtem Gehalt nicht nur für wirtschaftliche Unabhängigkeit, sondern auch für ein steigendes Selbstwertgefühl und gesellschaftliche Anerkennung.

So belegt eine in den Jahren 2008 und 2009 durchgeführte Studie der Katholischen Universität Eichstätt einen herausragenden »Social Return on Investment« für die Besondere Werkstatt. Dies bedeutet, dass sie keine finanzielle Belastung für die Gesellschaft verursacht, sondern ganz im Gegenteil einen enormen monetären Gewinn. Dank des besonderen Werkstattkonzepts flossen im Jahr 2007 in der Tat sechsmal so hohe Geldbeträge an die Öffentliche Hand (2364 TEUR in Form von Steuern und Sozialabgaben) als diese in die Besondere Werkstatt investiert hat (355 TEUR in Form von individuellen Hilfsmitteln und Steuerbegünstigungen).

Logische Folge der fehlenden Betreuungsentgelte von Kostenträgerseite ist jedoch eine enorme Abhängigkeit der Werkstatt von Markterlösen, also von Kundenaufträgen. Diese Abhängigkeit verschärft sich in wirtschaftlich schwierigen Zeiten wie etwa der derzeitigen Finanz- und Wirtschaftskrise.

Aus diesem Grund ist neben den Maßnahmen zur beruflichen Förderung der Beschäftigten eines der wichtigsten Themen für die Werkstattverantwortlichen der Vertrieb. So wurden in der Pfennigparade zentrale und dezentrale Vertriebsstrukturen aufgebaut, die in unterschiedlichen Gremien sowohl strategische als auch operative Vertriebsziele stetig vorantreiben. Im Mittelpunkt der Bemühungen steht die Entwicklung von Marketing- und Vertriebsstrategien inklusive der Erstellung von Marktanalysen und Kundenentwicklungsplänen sowie Tätigkeiten der Neukundenakquisition.

Denn bei Wegfall eines Kundenauftrags, für den ein bestimmter behinderter Werkstattbeschäftigter eingesetzt ist, zahlt die Besondere Werkstatt an den Mitarbeiter weiterhin das übliche Gehalt, ohne diesen Aufwand durch einen Kundenauftrag decken zu können.

Rahmenbedingungen wie die aktuelle Finanz- und Wirtschaftskrise bringen zudem noch mit sich, dass Aufträge für immer kürzere Zeiträume vergeben werden oder – bedingt durch Kurzarbeit oder Kosteneinsparungen bei Kunden – im Umfang reduziert oder gar ersatzlos gestrichen werden. Allein im Jahr 2009 gehörten folglich über 60 Umpositionierungen von Werkstattbeschäftigten zu den Herausforderungen der Besonderen Werkstatt, die je nach Zeitpunkt und Auftragslage bis zu 22 nicht ausgelastete Mitarbeiter zu verzeichnen hatte. Die positive Seite all dieser Umpositionierungen ist, dass jeder neue Einsatz in einem neuen Aufgabengebiet bzw. bei einem neuen Kunden für den Einzelnen auch eine neue Chance für den Sprung auf den ersten Arbeitsmarkt bedeutet. Nicht selten jedoch gefährdet das Outsourcing von immer umfangreicheren Betriebsprozessen in Größenordnungen, die die Möglichkeiten einer Behindertenwerkstatt übersteigen, zahlreiche bisherige Einsatzmöglichkeiten für Werkstattbeschäftigte.

Ausblick: ein inklusives Arbeitsmodell mit Zukunft

Mit ihrem Modell »Werkstattbeschäftigte als Arbeitnehmer« und dem Schwerpunkt auf Außenarbeitsplätze ist die Besondere Werkstatt ein seit bald 40 Jahren bewährtes Praxisbeispiel für gemeinsamen Arbeitsalltag für behinderte und nicht behinderte Menschen.

Die Pfennigparade ist überzeugt, dass der »inklusive Arbeitsmarkt« nicht gleichzusetzen ist mit Verhältnissen, in denen sich plötzlich alle behinderten Menschen in Festanstellungen bei Unternehmen des ersten Arbeitsmarkts befinden. Vielmehr gilt es die Frage zu prüfen, unter welchen Bedingungen für welchen Personenkreis welche Form der beruflichen Teilhabe am besten geeignet ist. So ist beispielsweise ein schwer körperbehinderter Mitarbeiter, der in einem Werkstatteam mit behinderten und nicht behinderten Kollegen der Integrationsfirma an einem Projekt vor Ort bei einem Kunden arbeitet, oftmals so integriert wie möglich, mit fast allen Merkmalen »normaler Arbeit in einem normalen Betrieb«.

In diesem Sinne sind – neben dem viel gerühmten Übergang behinderter Menschen auf den allgemeinen Arbeitsmarkt – noch etliche andere Formen eines »inklusiven Arbeitslebens« weiter voranzutreiben. Eine dieser Formen stellt das Modell der Besonderen Werkstatt der Pfennigparade dar. Dabei gehört die Verbindung von unternehmerisch-effizienter Führung der Werkstattgesellschaften und engagierter Verwirklichung des sozialen Auftrags wahrscheinlich zu den entscheidenden Faktoren für dieses Erfolgsmodell. Es hat sich über viele Jahrzehnte bewährt und sorgt für gewisse »Inseln« in der Mitte der Gesellschaft, auf denen inklusiver Arbeitsalltag schon lange Realität ist.

Kurz gefasst

Projektname: *Besondere Werkstatt (PSG Programmier-Service GmbH, BKG Büro-Kommunikation GmbH)*

Projektidee: *Leistungsfähige körperbehinderte Menschen fördern und durch Beschäftigung in sozialversicherungspflichtigen Arbeitsverhältnissen zu wirtschaftlicher Unabhängigkeit und beruflicher und gesellschaftlicher Integration verhelfen*

Zielgruppe: *Menschen mit Körperbehinderung und Berufsausbildung*

Träger: *Stiftung Pfennigparade*

Zahl der mit Arbeitsvertrag beschäftigten körperbehinderten Personen: *201*

Kontaktperson: *Holger Sommer, Geschäftsführer*

Kontaktdaten: *PSG Programmier-Service GmbH, BKG Büro-Kommunikation GmbH | Petuelring 108 | 80807 München | Tel. 089 / 839 385 04 | E-Mail: holger.sommer@psg-online.com | www.psg-online.com, www.bkg-service.de, www.pfennigparade.de |*

Autorin des Beitrags: *Anja Dirmhirn*

Von der WfbM zum arbeitsmarkt-politischen Dienstleister

Das Kompetenzzentrum Arbeit der Stiftung Haus Lindenhof, Schwäbisch Gmünd

Alle Menschen haben Ziele, Träume, Wünsche und die Sehnsucht nach einem selbstbestimmten Leben. Die Stiftung Haus Lindenhof unterstützt alte Menschen und Menschen mit Behinderung dabei, mit einem Maximum an Selbstbestimmung würdevoll zu leben. Als kirchliches Sozialunternehmen setzt sie sich dafür ein, dass Menschen ihr Leben nach ihren individuellen Bedürfnissen, Möglichkeiten und Vorstellungen gestalten können. Schulische Bildung und Wohnangebote für Menschen mit geistiger Behinderung, Förder-, Arbeits- und Qualifizierungsangebote für Menschen mit und ohne Behinderung (Förder- und Betreuungsbereich, WfbM, integrative Beschäftigungsprojekte, Integrationsfirmen) sowie die Betreuung und Pflege von alten Menschen sind die fachlichen Schwerpunkte des vielseitigen Engagements der Stiftung. Sie wurde im Jahr 1971 als gemeinnützige GmbH gegründet und 1986 in eine kirchlich-katholische Stiftung umgewandelt. Heute gehören in der Region Ost-Württemberg und im Landkreis Göppingen über 20 Einrichtungen bzw. Angebote zur Stiftung. Als zweitgrößter Arbeitgeber in der Region begleiten, fördern, qualifizieren, betreuen und pflegen über 1300 MitarbeiterInnen (davon ca. 60 % Teilzeitkräfte) derzeit rund 1400 alte Menschen sowie Menschen mit Behinderung.

Zum Bereich Arbeit und Integration gehören die Vinzenz von Paul-Werkstätten mit ca. 420 WfbM-Beschäftigten, die Christophorus-Werkstatt mit ca. 120 WfbM-Beschäftigten, der Förder- und Betreuungsbereich Luise von Marillac mit ca. 130 FuB-Beschäftigten, das Kompetenzzentrum Arbeit (KzA) mit ca. 100 Maßnahmeteilnehmern sowie zwei gewerbliche Integrationsfirmen mit ca. 110 MitarbeiterInnen.

Beim Personenkreis handelt es sich bei den WfbM sowie beim FuB größtenteils bzw. ausschließlich um Menschen mit geistiger Behinderung, daneben gibt es noch zwei kleinere Teilwerkstätten für Menschen mit psychischer Behinderung bzw. einer Hörbehinderung.

Entstehungsgeschichte

Das Angebot der Stiftung im Bereich Arbeit umfasste ursprünglich die klassische WfbM sowie den Förder- und Betreuungsbereich (FuB) für Menschen, die aufgrund der Schwere ihrer Behinderung nicht in einer WfbM arbeiten konnten. Als im Jahre 2000 die gesellschafts- und sozialpolitische Diskussion zum Thema steigende und strukturelle Arbeitslosigkeit mal wieder einen Höhepunkt erreichte, entstand in der Stiftung die Frage, inwieweit man als zweitgrößter Arbeitgeber in der Region sich nicht auch diesem Thema widmen könnte und nicht zuletzt aus christlicher Verantwortung heraus Beschäftigungs- und Arbeitsangebote insbesondere für Menschen in Langzeitarbeitslosigkeit anbieten sollte. Dies wurde zum Anstoß, um Arbeits-, Qualifizierungs- und Beschäftigungsmöglichkeiten für am Arbeitsmarkt benachteiligte Menschen mit und ohne Behinderung zu schaffen. Es war gedanklicher Ausgangspunkt des später noch zu gründenden Kompetenzzentrums Arbeit in der Stiftung Haus Lindenhof.

Arbeit ist ein Querschnittsthema durch viele Lebens- und Funktionsbereiche. Der Arbeitsprozess schafft Selbstvertrauen und ermöglicht Selbstverwirklichung, gesellschaftliche Teilhabe und Integration. Aufgabe des neu zu gründenden Kompetenzzentrums Arbeit (KzA) war von daher die Entwicklung und Gestaltung von innovativen und flexiblen Arbeits- und Beschäftigungsangeboten für Menschen mit Abstand vom Arbeitsmarkt (nach SGB II und III, aber auch nach SGB IX). Neben den bisherigen Angeboten von WfbM sowie Förder- und Betreuungsbereich (FuB) die Schnittstelle als arbeitsmarktpolitischer Dienstleister zu füllen, das Bewusstsein bei allen Beteiligten zu wecken, die hierfür notwendigen Veränderungen zuzulassen und sich ihnen aktiv und gestalterisch zu stellen, war sicherlich in manchen Situationen kein einfacher, doch letztlich ein guter und erfolgreicher Weg.

»Ich kann noch nicht daheim sitzen, ich will etwas schaffen.«

Im Jahre 2003 übersiedelte **Anna Litke** aus dem russischen Omsk nach Deutschland. Die alleinerziehende Mutter von drei – mittlerweile erwachsenen – Töchtern war bei ihrer deutschen Großmutter groß geworden. »Großmutter war bereits 1981 nach Deutschland ausgereist«, sagt sie. »Sie brauchte mich, weil sie pflegebedürftig wurde.«

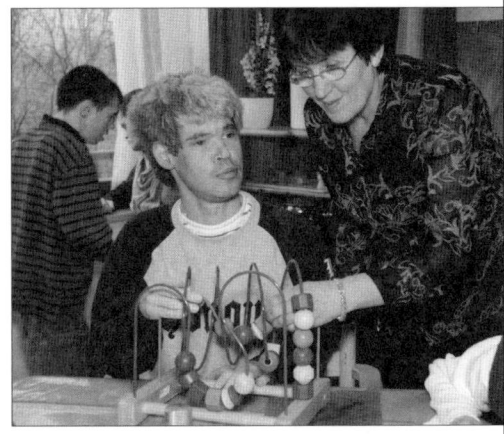

Die gelernte Krankenschwester hatte zunächst Schwierigkeiten, eine Arbeit zu finden: »Ich absolvierte Orientierungskurse in Gmünd und Aalen und war dann zwei Jahre arbeitslos.« Über die Arbeitsgemeinschaft zur Beschäftigungsförderung im Ostalbkreis fand sie den Weg zur Stiftung Haus Lindenhof. Dort, bei der Arbeitsplatzagentur im Kompetenzzentrum Arbeit, fand sie mit Lydia Klause ihre Ansprechpartnerin. Die Arbeitsplatzagentur berät arbeitsuchende Menschen, qualifiziert und vermittelt sie im Rahmen des SGB II.

Zunächst war Anna Litke ein halbes Jahr im Spital zum Heiligen Geist tätig, dann wechselte sie über das Projekt »Netzwerkagentur plus« in den Förder- und Betreuungsbereich der Stiftung Haus Lindenhof. »Ich begann mit einem Praktikum, dann hatte ich einen Zusatzjob im Rahmen einer Arbeitsgelegenheit.« Schon bald ergab sich die Möglichkeit einer Schwangerschaftsvertretung und damit eine Anstellung. »Heute bin ich gruppenergänzende Kraft in der Hauswirtschaft des Förder- und Betreuungsbereichs«, sagt sie und ergänzt: »Ich bin 50 Jahre alt und kann noch nicht daheim sitzen. Ich will etwas schaffen.«

Ihre Arbeit liegt ihr am Herzen, sagt sie und sie ist glücklich über das gute Arbeitsklima. Kollegin Tanja Scasny ist froh über die Verstärkung. »Sie hat sich sehr schnell bei uns eingearbeitet und sie sieht, wo sie gebraucht wird«, lobt sie. »Sie hat großes Fingerspitzengefühl, Einfühlungsvermögen und ist konsequent. Man spürt einfach, dass sie ihre Arbeit gern macht.«

Das Projekt »Netzwerkagentur plus« hat mit Anna Litke das Ziel seines Angebotes erreicht: Die Integration auf einen festen Arbeitsplatz durch individuelle Begleitung und fachliche Qualifizierung.

Das Kompetenzzentrum Arbeit und seine Projekte

Als eines der ersten Projekte im KzA wurde eine Qualifizierungsmaßnahme *Teilzeit* für Frauen und Männer im Sozialhilfe-Bezug und zum Wiedereinstieg ins Berufsleben gestartet.

Ziel des Projektes Teilzeit waren die persönliche und fachliche Qualifizierung der Teilnehmenden sowie die sozialpädagogische Begleitung, um möglichst eine Eingliederung auf dem ersten Arbeitsmarkt zu erreichen. Von 56 Teilnehmenden konnten 24 in sozialversicherungspflichtige Arbeitsverhältnisse, davon 14 innerhalb der Stiftung, vermittelt werden.

Ein weiteres der ersten Projekte war das Projekt *Netzwerkagentur (NWA)* mit dem Ziel, die Vermittlung von Beschäftigten aus Werkstätten sowie von Abgängern aus der Sonderschule G in unbefristete sozialversicherungspflichtige Arbeits- bzw. Ausbildungsverhältnisse in enger Zusammenarbeit mit

dem Integrationsfachdienst zu begleiten und nachzubetreuen. Ideell unterstützt und finanziell gefördert wurde das Modellprojekt vom Integrationsamt des Kommunalverbandes für Jugend und Soziales Baden-Württemberg (KVJS), der Aktion Mensch sowie aus Eigenmitteln der Stiftung Haus Lindenhof. Innerhalb der drei finanzierten Projektjahre sowie der vereinbarten zwei Nachfolgejahre wurden über 26 WfbM-Beschäftigte und Abgänger aus Sonderschulen G auf den allgemeinen Arbeitsmarkt nachhaltig vermittelt. Dieser innovative Ansatz als auch die erfolgreiche Arbeit wurden im Jahre 2007 mit dem Integrationspreis der Bundesarbeitsgemeinschaft Integration durch Arbeit (BAG IDA) und im Jahre 2009 mit dem Innovationspreis »Integration« des KVJS ausgezeichnet und mit einem Preisgeld des Landes Baden-Württemberg gewürdigt.

 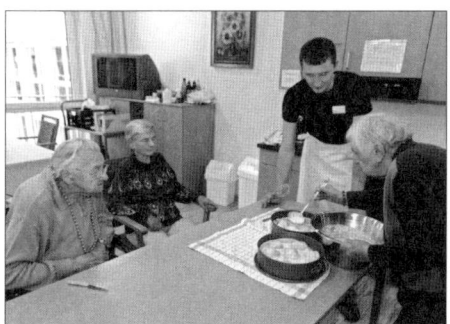

Die bereits im Rahmen der ersten durchgeführten Projekte beispielhaft entstandenen stiftungsinternen wie auch externen Netzwerke in Kooperation mit kirchlichen und gewerblichen Partnern sowie dem regionalen Integrationsfachdienst konnten im Rahmen des Projektes Netzwerkagentur weiter ausgebaut, vertieft und stabilisiert werden.

Mit Einführung des SGB II im Jahr 2005 wurde auch die Grundlage zur Schaffung von Arbeits- und Beschäftigungsplätzen im Rahmen von Arbeitsgelegenheiten nach § 16d SGB II für langzeitarbeitslose Menschen gelegt. Innerhalb des Projektes *Netzwerkagentur Plus* werden in Einrichtungen der Stiftung Plätze für Zusatzjobs akquiriert und eng mit den Vermittlern und Fallmanagern der örtlichen Jobcenter bzw. Arbeitsgemeinschaften zusammengearbeitet. Im Rahmen der Arbeitsgelegenheiten werden mit den Teilnehmenden persönliche und berufliche Perspektiven entwickelt und Qualifizierungsmaßnahmen durchgeführt. Fachpraktische Qualifizierungen erhalten die Teilnehmenden in den Einrichtungen vor Ort. Seit 2005 wurden so 125 Teilnehmende in sozialversicherungspflichtige Arbeits- und Ausbildungsplätze vermittelt, davon 50 innerhalb der Stiftungseinrichtungen, z.B. intern im Bereich der Alten- und Behindertenhilfe, in der Haustechnik, Hauswirtschaft oder Zentralverwaltung, extern u.a. bei kirchlichen und gewerblichen Partnern der Stiftung.

Mit der Entwicklung immer neuer Ideen und Projekte zum Thema »Arbeits- und Beschäftigungsmöglichkeiten für am Arbeitsmarkt benachteiligte Menschen mit und ohne Behinderung« entstand sehr bald der Bedarf, diese Projekte in einer eigenen Organisationseinheit auch formal zusammenzufassen. Damit nahm eine Idee auch organisatorische Gestalt an – ihr Name: *Kompetenzzentrum Arbeit* in der Stiftung Haus Lindenhof.

Das KzA ist bis heute eine Projektentwicklungs-Einheit geblieben, in der immer wieder neue und in der Regel vorerst auf ein Jahr befristete Projekte konzipiert und initiiert werden. Im Rahmen der entsprechenden Projektfinanzierungen (Aktion Mensch, Kommunalverband für Jugend und Soziales Baden-Württemberg, Europäischer Sozialfond, regionale Leistungsträger wie Jobcenter/ArGe, Agentur für Arbeit, kirchliche Fonds, wie z.B. Aktion Martinusmantel der Diözese Rottenburg-Stuttgart etc.) werden diese Initiativen sehr praxisnah in innovative und flexible Angebote für die unterschiedlichsten Personenkreise umgesetzt.

Teil der Philosophie des KzA ist es, dass Menschen mit Abstand vom Arbeitsmarkt, langzeitarbeitslose Menschen mit und ohne Behinderung gemeinsame Angebote zur beruflichen Integration erhalten. Voraussetzung hierfür ist die gegenseitige Akzeptanz, das gegenseitige Lernen voneinander und dadurch Inklusion mit zu gestalten und zu leben.

In den Jahren 2003 und 2004 gründete die Stiftung auch zwei *gewerbliche Integrationsfirmen* in den Bereichen hauswirtschaftliches Management und Dienstleistungen sowie im Bereich Verwaltungs- bzw. Beratungsdienstleistungen. Neben dem KzA bilden diese gewerblichen Integrationsfirmen wichtige und heute nicht mehr wegzudenkende Ergänzungen zu den bekannten Arbeitsangeboten der WfbM. Im Zuge dieser Erweiterungen wurde der bisherige Bereich »Werkstätten« in den Bereich »Arbeit und Integration« umbenannt und die Integrationsfirmen – obwohl als GmbH eigenständige Rechtskonstrukte – wurden sinnvollerweise diesem Bereich organisatorisch zugeordnet.

Zuletzt initiierte und aktuell laufende Projekte schaffen im Rahmen der Job-Perspektive Arbeitsplätze für langzeitarbeitslose Personen nach § 16e SGB II. Arbeitsmarktfernen Personen, die voraussichtlich in den nächsten 24 Monaten nicht in den ersten Arbeitsmarkt integrierbar sind, bietet die Förderung über den Beschäftigungszuschuss neue Perspektiven und letztendlich einen ersten Schritt zur Integration in den Arbeitsmarkt.

Ein weiterer aktueller Baustein ist die Entwicklung von innovativen Projekten, die über den Europäischen Sozialfonds (ESF) beantragt und gefördert werden. Mit regionalen ESF-Mittel und Mitteln der Arbeitsgemeinschaft zur Beschäftigungsförderung im Ostalbkreis wird das Projekt PEp (Persönliche Entwicklungsperspektiven) für besonders benachteiligte langzeitarbeitslose Menschen über 25 Jahre umgesetzt. Schwerpunkt im Rahmen aufsuchender Arbeit sind hierbei die Stabilisierung der Lebensverhältnisse, Praktika und Arbeitserprobung, der Abbau von Vermittlungshemmnissen und somit das Ziel, diese Personen näher an den Arbeitsmarkt heranzuführen.

In einem weiteren landesweiten ESF-Projekt AAQuiD (Arbeit, Ausbildung, Qualifizierung im Dienstleistungsbereich) werden junge Menschen mit und ohne Behinderung bis 27 Jahre, deren Chancen im Ausbildungs und Arbeitsmarkt gering sind, qualifiziert und vermittelt. Mit dem Projekt AAQuiD ist es auch zum ersten Mal konkret gelungen, eine synergetische Vernetzung des Bereiches Behindertenhilfe (Berufsbildungsbereich in der WfbM) mit dem Kompetenzzentrum Arbeit und den Projekten nach SGB II (Langzeitarbeitslose) umzusetzen. Menschen mit Behinderung aus dem Berufsbildungsbereich der WfbM und jugendliche Langzeitarbeitslose werden gemeinsam in diesem Projekt qualifiziert, beraten und vermittelt.

In den vergangenen acht Jahren konnten seit Einführung des Kompetenzzentrums Arbeit innerhalb der Stiftung Haus Lindenhof im Durchschnitt 60 Plätze pro Jahr zur Qualifizierung und Arbeitsintegration angeboten und mit Teilnehmern besetzt werden. In diesem Zeitraum wurden über 205 Teil-

nehmende durch verschiedene Integrationsmaßnahmen in sozialversicherungspflichtige Arbeitsverhältnisse vermittelt, 84 davon wurden innerhalb
der Stiftung übernommen bzw. eingestellt.

Netzwerkarbeit

Im für die Stiftung neuen Arbeitsfeld Langzeitarbeitslosigkeit nach SGB II
wurden in den vergangenen Jahren viele neue Netzwerke und Kontakte vor
Ort aufgebaut. Mit den regionalen Jobcentern / ARGE (Arbeitsgemeinschaft
der Agentur für Arbeit und kommunale Träger) entstand eine enge Zusammenarbeit. Der Schwerpunkt der Arbeit liegt in der Beschäftigung, Qualifizierung und Vermittlung der Maßnahme-Teilnehmer. Das Kompetenzzentrum Arbeit beantragt hierbei für die gesamte Stiftung unter anderem Plätze
im Rahmen der Arbeitsgelegenheit nach § 16d SGB II, akquiriert Plätze für
die zugewiesenen Teilnehmenden innerhalb der Stiftungseinrichtungen und
begleitet die Teilnehmenden wie auch die Einrichtungen selbst. Qualifizierung ist dabei ein wichtiger Bestandteil der Arbeit, die einzelnen Angebote
werden immer möglichst individuell und im Rahmen des Bedarfs entwickelt
und umgesetzt. Der Blick geht dabei stets auf »das ganze System«, Ziel ist es,
die bestehenden Systeme möglichst synergetisch miteinander zu vernetzen.
So wird eine sinnvolle Ergänzung der einzelnen Hilfesysteme erreicht und
die mögliche Doppelung von Strukturen vermieden.

Netzwerkbildung und Netzwerkarbeit sind elementare Bestandteile der
Arbeit im KzA. Für die Formen integrierter Arbeit und Beschäftigung muss
dies ein fester Bestandteil sein, um die berufliche Integration von Menschen
mit und ohne Behinderung in unserer Gesellschaft zu fördern und einen ak-
tiven Beitrag zur Inklusion zu leisten. Netzwerke müssen vielfältig angelegt
sein und kontinuierlich gepflegt werden. Ausgangspunkt ist der Mensch, sein
familiäres und privates Umfeld, seine persönlichen Zielsetzungen und Wünsche, das Einbeziehen der Gesellschaft, das Zusammenwirken mit Unternehmen / Betrieben, Kooperationen mit Leistungsträgern und Zuschussge-
bern und nicht zuletzt mit IntegrationsberaterInnen.

Um dies zu erreichen, werden nicht nur die persönlichen Kontakte zu

Lieferanten, Zulieferern, Auftraggebern und Kunden sowie weiteren Kooperationspartnern der Stiftung Haus Lindenhof genutzt, sondern auch interne Netzwerke und Einrichtungen werden einbezogen. Auf diesem Wege konnten für die bisherigen als auch die hinzugekommene Personenkreise in den vergangenen Jahren Praktika-Plätze, dauerhafte Außenarbeitsplätze bis hin zu sozialversicherungspflichtigen Arbeitsplätzen intern als auch extern geschaffen werden. Strategisches Ziel ist es hierbei, ein möglichst durchgängiges wie auch durchlässiges Gesamtsystem zu schaffen, um benachteiligten Menschen Perspektiven zu eröffnen. Personalentwicklung ist Grundlage und Standard, Menschen mit Handicaps, Menschen mit Behinderung und langzeitarbeitslosen Menschen sollen Räume und Entwicklungsmöglichkeiten eröffnet werden.

WfbM – KzA – arbeitsmarktpolitischer Dienstleister

Nicht nur das KzA, sondern der gesamte Bereich Arbeit und Integration innerhalb der Stiftung versteht sich in der Zwischenzeit als arbeitsmarktpolitischer Dienstleister, der stets bestrebt ist, aktuelle sozialpolitische Entwicklungen aufzunehmen, um so auf veränderte Rahmenbedingungen vorbereitet zu sein. Bei inzwischen immer häufiger stattfindenden Ausschreibungen von Maßnahmen beteiligt sich das KzA bzw. der Bereich Arbeit und Integration, sofern diese Ausschreibungen klientenbezogen, interessant und für die Weiterentwicklung der Arbeit von Bedeutung sind.

Die Unterstützte Beschäftigung (UB) setzt die WfbM in Kooperation mit dem Integrationsfachdienst in der Region um. Schon seit Längerem wurde der Berufsbildungsbereich erweitert und bietet im Rahmen eines betrieblich orientierten Berufsbildungsbereiches Arbeitsplätze in Unternehmen und Betrieben des allgemeinen Arbeitsmarktes an. In den Werkstätten der Stiftung wurden in den vergangenen Jahren verstärkt Dienstleistungen entwickelt und umgesetzt, die Menschen mit Behinderung Arbeits- und Beschäftigungsmöglichkeiten auch außerhalb der WfbM anbieten. Heute sind etwa 10 % der WfbM-Plätze der Stiftung Außenarbeitsplätze bzw. Plätze in Außenarbeitsgruppen. In diesem Rahmen haben die Werkstätten der Stiftung an inzwischen vier örtlichen Schulen den Betrieb der Schul-Mensen und Cafeterien als Dienstleistung übernommen, für zwei weitere Schul-Mensen ist dies in Vorbereitung. Die Menschen mit Behinderung arbeiten mit sehr viel Hingabe und Engagement in diesem Arbeitsfeld, behinderte und nicht behinderte junge Menschen erleben Alltag gemeinsam und knüpfen Verbindungen. Wie von selbst entwickelt sich dabei die Erkenntnis, dass Menschen mit Behinderung natürlicher Teil einer jeden Gesellschaft sind und eindeutig die Atmosphäre des Zusammenlebens und Arbeitens positiv verändern und prägen.

Aufgaben des arbeitsmarkpolitischen Dienstleisters

Der arbeitsmarktpolitische Dienstleister ist der konzeptionelle Impulsgeber für innovative Angebote und Projekte unter Berücksichtigung der Bedarfe des Arbeitsmarktes.

Wesentliche Aufgaben des KzA als Teil eines arbeitsmarktpolitischen Dienstleisters sind nach der Akquise von neuen Projekten und Themen deren ziel- und ergebnisorientierte Umsetzung. Eine große Rolle spielt dabei die Vernetzung der stiftungsinternen Einrichtungen zum Querschnittsthema Arbeit sowie die Vernetzung mit externen Partnern. Nach der Erstellung eines entsprechenden Profilings für jeden einzelnen Teilnehmenden erfolgt auf der Grundlage der Zielausrichtung von beruflicher Bildung und Qualifizierung nach individuellen Fähigkeiten und Interessen die Beratung der Teilnehmenden hinsichtlich geeigneter Maßnahmen. Nach der Akquise von geeigneten Qualifizierungs- und Arbeitsplätzen findet eine entsprechende Vorbereitung aller Beteiligten insbesondere auch im Betrieb sowie dann in der Umsetzung die sozialpädagogische Begleitung, Anleitung und Beratung der Teilnehmenden statt.

Organisationsstruktur

Der Bereich Arbeit und Integration der Stiftung Haus Lindenhof hat sich in den vergangenen Jahren ständig weiterentwickelt, um innovativ und flexibel aufgestellt und ausgerichtet zu sein und auch zukünftig aktuellen Anforderungen gerecht werden zu können. Um diese Entwicklungen auch von der Organisationsstruktur abzusichern, wurde in Personalunion mit bereits bestehenden Funktionen »Fachleitungen« eingeführt, die einrichtungsübergreifend – vom Förder- und Betreuungsbereich, über die Werkstätten sowie das KzA bis hin zu den gewerblichen Integrationsfirmen – für unterschiedliche Themenfelder zuständig sind. Dem »Fachleiter berufliche Bildung und Andragogik (Erwachsenenbildung)« sind die pädagogischen Themen zugeordnet, dem »Fachleiter Produktion und Technik« die arbeitstechnischen Themen und dem »Fachleiter Projektentwicklung und Integration« obliegt es, Projekte und Projektarbeit auch einrichtungsübergreifend zu initiieren und zu begleiten. So wurden zum Beispiel Schnittstellen zum Thema berufliche Bildung im Berufsbildungsbereich der WfbM sowie für die Beschäftigung und Qualifizierung im Kompetenzzentrum Arbeit identifiziert und daraufhin personen- und einrichtungsübergreifende Angebote und Prozess-Strukturen für berufliche Bildung, Qualifizierung und Vermittlung entwickelt und umgesetzt.

Berufliche Anforderungen an MitarbeiterInnen

Da die weitaus meisten Projekte in jedweder Form von Ausschreibungen angeboten werden, benötigen Mitarbeiter in diesem Bereich Kompetenzen, um sich in Markt- und Wettbewerbssituationen zu bewegen, Ausschreibungen inhaltlich-konzeptionell zielgenau erstellen und natürlich auch umsetzen zu können. Große Innovations-Kompetenz und Kreativität ebenso wie Flexibilität ist erforderlich, um diese Anforderung bewältigen zu können.

Netzwerkarbeit, Beziehungspflege und Verhandlungen mit Leistungsträgern und Arbeitgebern sind ebenso Teil der Arbeit. Um all diesen Anforderungen gerecht werden zu können, bedarf es individueller, weiterer Qualifikationen wie zum Beispiel einer Weiterbildung zum Integrationsberater, Jobcoach, einem ganzheitlichen Ansatz wie im Case-Management oder im systemischen Ansatz. Fachliche, berufsspezifische Fähigkeiten und auch Kompetenzen zur Krisen-Intervention sind Voraussetzungen, die gefragt sind. Sehr selbständiges, eigenverantwortliches und oftmals auch individuelles Arbeiten gehören ebenso zu den neuen Anforderungen wie gleichzeitig Teamfähigkeit und vernetzende Tätigkeit.

Ständige und intensive Marktbeobachtung, fast schon ein Gespür für mögliche Entwicklungsmöglichkeiten sowie vor allen Dingen ein schnelles Aufgreifen und Umsetzen von Optionen machen es erst möglich, seinen Weg im weiten Feld der Projekte zu finden. Ein schöner Nebeneffekt dieser Art von Arbeit war und ist es, dass all diese Aspekte in der beruflichen Handlungspraxis über den Bereich des KzA hinausgestrahlt haben und ihre Spuren und Wirkung bei den MitarbeiterInnen in den teilstationären Einrichtun-

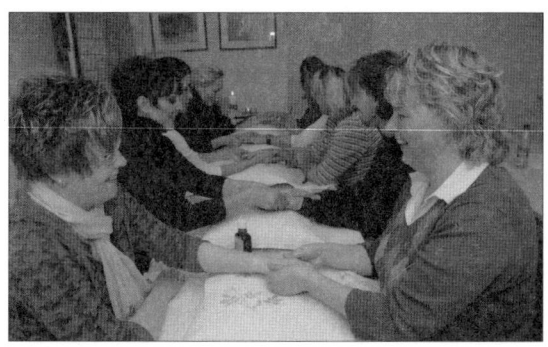

gen wie WfbM und FuB hinterlassen haben. Dort haben sie begonnen, ebenso Haltungen, Einstellungen und Arbeitsweisen zu verändern, sodass auch dort – zwar anfänglich nur in Ansätzen – Themen wie Flexibilität, Innovation

und Kreativität stärker zum Tragen gekommen sind und so die berufliche Handlungskompetenz dieser Mitarbeiter erweitert haben.

Zukunft und Visionen

Berufliche Integration von Menschen ohne und vor allen Dingen mit Behinderung ist ein Handlungsfeld, das sich nicht einfach von selbst unter Marktbedingungen entwickelt und dem Markt auch nicht überlassen werden kann. Werkstätten und ihre Träger sollen und werden sich fachlich kompetent weiterentwickeln und verändern müssen, nicht nur als Unternehmungen, die hochspezialisiert mit behinderten und nichtbehinderten Menschen und gleichzeitig mit möglichst hoher Wertschöpfung am Markt agieren. Die Weiterentwicklung zum arbeitsmarktpolitischen Dienstleister im Zusammenspiel und in der Schnittstelle zwischen Werkstätten und einem wie auch immer zu benennenden »Kompetenzzentrum Arbeit« bietet vielfältige Möglichkeiten einer bedarfsgerechten Realisierung unterschiedlichster Maßnahmen und Projektformen. Ein Einrichtungsträger mit solchen Möglichkeiten, Angeboten und Kenntnissen ist ein kompetenter Partner für Menschen mit und ohne Behinderung zur Verwirklichung des Anspruchs auf Teilhabe am Arbeitsleben und an der Gesellschaft. Neue Ansätze einer differenzierteren bzw. weitergehenden Teilhabe am Arbeitsleben machen aber vor allem dann Sinn und bieten interessante Chancen, wenn sie Teil eines Gesamtsystems sind. Erst das integrierte Gesamtangebot eines »Kompetenzzentrums für Arbeit, Beschäftigung und Qualifizierung« ermöglicht das individuelle Optimum an beruflicher Integration.

Um einen weiteren Baustein und ein erweitertes Angebot in der beruflichen Bildung von Menschen mit und ohne Behinderung zu entwickeln und anzubieten, ist im Bereich Arbeit und Integration bereits die nächste Vision in den Blick genommen: die Anerkennung des KzA als Bildungsträger nach AZWV (Anerkennungs- und Zulassungs-Weiterbildungsverordnung), um im Auftrag der Agentur für Arbeit entsprechende berufliche Bildungsmaßnahmen nach SGB III anbieten und durchführen zu können.

Alle Menschen haben Ziele, Träume, Wünsche und die Sehnsucht nach einem selbstbestimmten Leben und Arbeiten. Arbeitsmarktpolitische Dienstleister sind Initiatoren für Veränderungsprozesse und für die Umsetzung von innovativen Angeboten mit öffnendem und vernetzendem Charakter. Ein Spruch von Elisa Canetti macht deutlich was es bedeutet, sich Veränderungsprozessen zu stellen, um Neues zu wagen und zu verändern: »Man weiß nie, was daraus wird, wenn die Dinge verändert werden. Aber weiß man denn, was daraus wird, wenn sie nicht verändert werden?«

Kurz gefasst

Projektname: *Kompetenzzentrum Arbeit*

Projektidee: *Von der Werkstatt für behinderte Menschen (WfbM) zum arbeitsmarktpolitischen Dienstleister*

Zielgruppe: *Menschen mit und ohne Behinderung mit Abstand zum Arbeitsmarkt*

Träger: *Stiftung Haus Lindenhof, Schwäbisch Gmünd*

Zahl der Beschäftigten/Teilnehmer: *bisher 480, davon wurden 205 Teilnehmer vermittelt*

Autor/Autorin des Beitrags und Kontaktpersonen: *Bernhard Lengl, Bereichsleiter Arbeit und Integration; Martina Hasenmüller, Leitung Kompetenzzentrum Arbeit*

Kontaktdaten: *Stiftung Haus Lindenhof, Bereich Arbeit und Integration |
Lindenhofstraße 127 | 73529 Schwäbisch Gmünd |
Tel. 07171/802 300 |
E-Mail: bernhard.lengl@haus-lindenhof.de
martina.hasenmueller@haus-lindenhof.de | www.haus-lindenhof.de |*

Ausschließlich ausgelagert

Die Virtuelle Werkstatt Saarbrücken

Eine besondere Form der Werkstattbeschäftigung entwickelt sich seit August 2004 im Saarland. Im Regionalverband Saarbrücken (rund 340 000 Einwohner) arbeiten 60 Menschen mit seelischer Behinderung in einer »Werkstatt ohne Werkstatt« in Trägerschaft der »Saarland-Heilstätten GmbH«.

Die Werkstatt entstand auf Anregung der damals amtierenden Sozialministerin Dr. Regina Görner. Sie wollte für den Regionalverband Saarbrücken eine Werkstatt, die keine eigenen Produktionsstätten besitzt, sondern ausschließlich Beschäftigung auf ausgelagerten Arbeitsplätzen anbietet – eben eine virtuelle Werkstatt. Die Werkstatt selbst verfügt lediglich über einige Büroräume zur Verwaltung, Organisation, Beratung und Vorbereitung auf die Beschäftigung. Vier Betreuer stehen den Beschäftigten zur Seite.

Die Beschäftigten gelten für den ersten Arbeitsmarkt als erwerbsunfähig. Sie beziehen Rente, Grundsicherung oder Sozialhilfe und haben Anspruch auf Eingliederungshilfe nach dem SGB XII. Sie sind in der Lage und motiviert, mindestens zwei Stunden täglich zu arbeiten, Tendenz möglichst steigend. Und sie haben Interesse, nah am »normalen« Arbeitsalltag einer regelmäßigen Beschäftigung nachzugehen.

Das Ziel

Ziel der Virtuellen Werkstatt ist die Integration der seelisch behinderten Menschen in den Arbeitsalltag und die Sicherung einer dauerhaften Beschäftigung. Bestenfalls kommt es zur Umwandlung eines virtuellen Platzes in ein reguläres Arbeitsverhältnis. Den Beschäftigten wird ein alltagsnahes Training ermöglicht. Der Einsatz erfolgt möglichst passgenau und unter dem Motto »Erst platzieren, dann trainieren«.

Die Organisation

Die Virtuelle Werkstatt ist keine anerkannte Werkstatt für behinderte Menschen (WfbM). Leistungen zur Teilhabe am Arbeitsleben können aber auch in einer »sonstigen Beschäftigungsstätte« erbracht werden. Die Virtuelle Werkstatt ist eine solche »sonstige Beschäftigungsstätte«.

Zu einer anerkannten Werkstatt für behinderte Menschen bestehen wesentliche konzeptionelle Unterschiede. Beispielsweise verfügt die Virtuelle Werkstatt über kein eigenes Angebot an Berufsbildungs- und Arbeitsplätzen.

Das Betriebskonzept entspricht dem einer gemeinnützigen Arbeitnehmerüberlassung. Die Virtuelle Werkstatt ist sozusagen eine »Personalvermittlungsagentur mit besonderen Aufgaben«. Sie führt kein gesondertes Eingangsverfahren und keine Maßnahmen im Berufsbildungsbereich durch. An diese Stelle rückt ein Verfahren, das dazu dient, Eignung, Kompetenzen und Unterstützungsbedarf festzustellen und passende Betriebe für eine Beschäftigung zu finden.

Die Finanzierung

Die Kosten für einen Werkstattplatz trägt der überörtliche Sozialhilfeträger (im Saarland das Landesamt für Jugend, Soziales und Verbraucherschutz). Rentenversicherungsträger oder die Agentur für Arbeit sind nicht beteiligt. Die Sozialversicherungsbeiträge (Kranken-, Renten- und Pflegeversicherung) werden analog der Regelung anerkannter Werkstätten gezahlt.

Die Personal- und Sachkostenfinanzierung der Virtuellen Werkstatt erfolgt über einen Tagessatz.

Für die Dauer der Modellphase wurde ein Zuschuss aus Mitteln der Ausgleichsabgabe zur anteiligen Finanzierung der Vergütung der Beschäftigten bereitgestellt.

Die Praxis

Alle Mitarbeiter wohnen im Regionalverband Saarbrücken. Die Vermittlung von Interessenten erfolgt überwiegend durch komplementäre Einrichtungen und durch Eigeninitiative.

»Meine Arbeit gibt meinem Leben Normalität zurück.«

Für **Thomas Niesen** ist der Frühstücks-
bereich im Parkhotel Albrecht in Völklingen seit Jahren eine Art Zuhause. Hier
trägt er Verantwortung, bedient die Gäste,
bestückt das Büfett, sorgt dafür, dass der
gute Ruf des Hotels nicht leidet. Im Livree
des Hotelbediensteten versorgt er die
Frühstücksgäste. Dabei ging seine berufliche Orientierung ursprünglich in eine ganz
andere Richtung. »Nach der Schulzeit hatte ich eine Optikerlehre begonnen«, sagt
er, »als mich meine Krankheit erwischte.

Mit der Lehre war es vorbei und auch mein Versuch, einen länger-
fristigen Arbeitsplatz bei dem Stahlunternehmen Dillinger Hütte zu
erhalten, war nicht erfolgreich.«

Seit 1996 war der heute 37-Jährige beschäftigungslos und wurde
schließlich berentet. Aber er gab nicht auf: »Ich wollte mich mit dem
Rentnerdasein nicht abfinden und ließ mich auf die Warteliste der
Virtuellen Werkstatt in Saarbrücken setzen. Nach einiger Zeit er-
hielt ich einen Platz. Die Werkstatt vermittelte mir eine Stelle im
Parkhotel Albrecht, weil ich gerne in der Gastronomie tätig werden
wollte.«

Das Hotel gehört zu den Nobeladressen in der Industriestadt
Völklingen. Gäste der Saarstahl AG und die Besucher des Weltkul-
turerbes Völklinger Hütte steigen gerne hier ab. Hotelchef Markus
Albrecht war schnell bereit, es mit Thomas Niesen zu versuchen:
»Wir wollten soziale Verantwortung übernehmen«, sagt er, »und es
mit dem jungen Mann probieren. Mittlerweile sind wir froh darüber. Wir haben mit Herrn Niesen eine sehr positive Erfahrung gemacht.«

Thomas Niesen fühlt sich wohl in seinem Team: »Das Arbeitsklima ist sehr gut hier und die Arbeit gibt meinem Leben ein Stück Normalität zurück.« Durch den Pionierstatus der Virtuellen Werkstatt nehmen sogar die Medien Notiz von seinem besonderen Arbeitsplatz. »Ich war bereits in einem Fernsehbeitrag zu sehen«, so Thomas Niesen, »und auch die Saarbrücker Zeitung hat einen Artikel über mich gebracht.« Die Überschrift des Zeitungsberichts lautete übrigens: »Wo Arbeit gesünder macht.« Ein Titel, den Thomas Niesen unterschreiben kann.

Die Firmen, in denen die Beschäftigten arbeiten, befinden sich ebenfalls im Regionalverband Saarbrücken. Die Einsatzorte sind ebenso unterschiedlich wie die Interessen, Fähigkeiten, Wünsche und Qualifikationen der Beschäftigten.

Berufserfahrung, Eignung und Fähigkeiten werden bei der Akquise der Arbeitsplätze berücksichtigt. Der Umfang der Arbeitszeit wird dem Leistungsprofil der Beschäftigten angepasst. Sie arbeiten zwischen zehn und fünfunddreißig Stunden wöchentlich. Auch die täglichen Arbeitszeiten werden individuell auf die Bedürfnisse und Fähigkeiten der Beschäftigten abgestimmt. Einzelne Mitarbeiter arbeiten nachmittags.

Die Akquise der Arbeitsplätze und Vermittlung der Werkstattbeschäftig-

Linus Rosenbauer, gelernter Schlosser, Krankenpflegehelfer und Bücherfreund, arbeitet jeden Nachmittag vier Stunden in einem Antiquariat.

ten in Firmen und Behörden gelingt in einer »Jeder-kennt-Jeden- Stadt« größtenteils gut. Soziales Engagement, gute Erfahrungen mit ähnlichen Projekten und nicht zuletzt die Bekanntschaft mit psychisch kranken Menschen im persönlichen Umfeld machen neugierig auf einen Versuch der Zusammenarbeit mit der Virtuellen Werkstatt – und meist wird daraus ein Dauerarbeitsplatz.

Die Beschäftigten erreichen ihren Arbeitsplatz selbständig, die Werkstatt trägt die Fahrtkosten.

Die Beschäftigten sind in unterschiedlichen Firmen tätig. Gruppenarbeitsplätze gibt es nicht. Grundsätzlich eignet sich jeder Arbeitgeber zur Beschäftigung eines Menschen mit seelischer Behinderung, vorausgesetzt, er ist bereit dazu. Je kleiner der Betrieb oder die Abteilung ist, desto einfacher ist die Einbindung des Werkstattbeschäftigten. Wichtig ist die Einbeziehung des Betriebs- oder Personalrats, um Bedenken der Arbeitsplatzgefährdung des Stammpersonals auszuschließen. Der Werkstattbeschäftigte ersetzt keine Arbeitskraft, allenfalls ist er eine zusätzliche Hilfe außerhalb der Stellenplanung.

Die Betreuung erfolgt arbeitsplatz- und tätigkeitsbezogen. Sie geschieht so intensiv wie nötig. Der Unterstützungsbedarf ist unterschiedlich, während der Einarbeitungsphase oder bei gesundheitlicher Instabilität mitunter täglich, in der Regel einmal wöchentlich. An der Anleitung und Einarbeitung sind die Fachkräfte des jeweiligen Unternehmens beteiligt.

Zusätzlich bietet die Virtuelle Werkstatt arbeitsplatzbezogene, pädagogische und soziale Betreuungs- und Förderleistungen an. Sie richten sich nach dem Einzelfall und umfassen beispielsweise das Training alltagspraktischer Fähigkeiten und beruflicher Basiskompetenzen, Gespräche über berufliche und persönliche Perspektiven, Unterstützung bei der Klärung sozialer Probleme.

Die Fachkräfte der Virtuellen Werkstatt stehen in engem Kontakt mit den Beschäftigungsgebern. Sie garantieren eine gute Erreichbarkeit und die direkte Hilfe bei Krisen. Außerdem beraten sie die Betriebe in allen Belangen der Beschäftigung.

Die Aufgaben des Werkstattpersonals sind sehr vielfältig. Für seine Arbeit benötigt das Personal ein hohes Maß an Schnittstellenkompetenz und Flexibilität. Ein multiprofessionelles Team mit heterogenen Kernkompetenzen empfiehlt sich.

Zur Betreuung und Förderung der seelisch behinderten Menschen sind Sozialpädagogen, Fachkräfte für Arbeits- und Berufsförderung und ein Ergotherapeut eingesetzt.

Die Erfahrungen zeigen, dass die Betreuung und Förderung der Beschäftigten auf ausschließlich ausgelagerten Arbeitsplätzen einen höheren Personalbedarf als in üblichen Werkstätten erfordert. Bei den Beschäftigten kommt es nicht selten zu Leistungsschwankungen, zu Krisen und zu eingeschränkter Leistungsfähigkeit. Dann ist eine verstärkte Betreuung, auch über einen längeren Zeitraum, erforderlich.

Die 60 unterschiedlichen Einsatzorte sind verteilt im Regionalverband Saarbrücken mit seinen neun dicht besiedelten Gemeinden. So ist mit der individuellen Betreuung besonders viel Zeitaufwand verbunden.

Die Beschäftigung in der Virtuellen Werkstatt

Die Beschäftigten erwarten ein differenziertes Angebot. Die Virtuelle Werkstatt stimmt Arbeitsplatz, Förderung und Betreuung weitestgehend auf die individuellen Bedürfnisse der Beschäftigten ab. Das ist grundsätzlich wichtig, besonders aber für Interessenten mit höherem Schul- oder Berufsabschluss.

Beispiele für die Berufsabschlüsse

Energieanlagenelektroniker / Raumausstatterin /
Lacklaborant / Bergmann /
Schlosser / Autoelektriker /
Forstwirt / Bankkauffrau /
Ingenieur / Fremdsprachensekretärin /
Gymnasiallehrerin / Versicherungskauffrau /
Rechtsanwaltsfachangestellte / Steuerfachgehilfin /

Christian Angelis, gelernter Gas- und
Wasserinstallateur, bei der Installation
von Kupferrohr

Michael Bernard ist gelernter
Energieanlagenelektroniker und studierte
vier Semester Biologie. Hier an seinem
Wunscharbeitsplatz im Gerichtsarchiv.

Beispiele für nicht abgeschlossene Hochschulstudien

Medizin / Betriebswirtschaftslehre / Informatik /
Pädagogik / Biologie /
Musik / Sprachen

Selbstverständlich finden auch Beschäftigte ohne Berufsausbildung Aufnahme in die Virtuelle Werkstatt. Sie sind zum Beispiel in der Außenanlagenpflege, als Hausmeisterhelfer oder in der Hauswirtschaft tätig.

Beispiele für einen passgenauen Einsatz

Erlernte Berufe	*Einsatzort*
Landschaftsgärtner	Zentralgärtnerei
Studium Englisch und Französisch	Sprachengymnasium
gelernte Hauswirtschafterin	hauswirtschaftlicher Bereich

Jörg Treis, gelernter PC-Techniker,
an seinem Arbeitsplatz in der EDV

Kaufmännische Berufe	Einsatz in Büro und Verwaltung
Informatiker	IT-Branche
engagierter Tierfreund	Pferdegestüt
Mitarbeiter ohne Berufsausbildung	unterschiedliche Helfertätigkeiten

Die Vergütung orientiert sich an der Leistungsfähigkeit der Mitarbeiter und am Wert der geleisteten Arbeit. Sie beträgt 73 Euro (Grundbetrag) bis 350 Euro monatlich. Die Vergütung wird in der Regel vom Beschäftigungsgeber an die Virtuelle Werkstatt gezahlt. Die Bemessung des Arbeitsentgelts erfolgt entsprechend den Regelungen der anerkannten Werkstätten. Grundsätzlich ist die Beschäftigung auf Dauer angelegt.

Erfahrungen der Beschäftigten

Die Erfahrungen der Beschäftigten sind gut. Sie schätzen den passgenauen, neigungsorientierten Einsatz in ganz »normalen« Betrieben unter »gesunden« Kollegen. Die Abstimmung der Arbeit auf das individuelle Leistungsvermögen und die Teilzeitbeschäftigung ist ihnen besonders wichtig. Die tägliche Beschäftigung ist eine wichtige Konstante in der Tagesstruktur. Das Training normaler Arbeitsbedingungen, betreut und ohne zeitliche Begrenzung, bewährt sich.

Die Anzahl der stationären und teilstationären Behandlungen ist rückläufig, seit die seelisch behinderten Menschen in der Werkstatt arbeiten. Sie sehen für ihre Gesundheit, ihre Lebensqualität, ihre Entwicklung einen großen Gewinn.

Würde der Erfolg der Virtuellen Werkstatt allerdings an der Anzahl der Vermittlungen auf den ersten Arbeitsmarkt gemessen, so ließe sich über ihn streiten. Die Beschäftigten der Virtuellen Werkstatt gelten, wie bereits erwähnt, als erwerbsunfähig für den allgemeinen Arbeitsmarkt. Wieder erwerbsfähig zu werden und den Lebensunterhalt selbst zu verdienen, ist sicher das Ziel der meisten Beschäftigten, erreicht wird es aber nur von wenigen.

Immerhin haben drei Beschäftigte den Sprung auf den ersten Arbeitsmarkt geschafft (Zeitraum Februar 2006 bis Februar 2010).

Die Vermittlung auf den allgemeinen Arbeitsmarkt sollte allerdings nicht als alleiniger Richtwert für den Erfolg von Integration und Teilhabe gelten. Im Vordergrund sollten die Ziele und Wünsche unserer »Kunden« stehen. In einer Befragung gaben die meisten Beschäftigten an, das Ziel zu haben, noch stabiler zu werden und eine höhere Arbeitszeit zu erreichen. Manche, nicht alle, werden das schaffen. Aber ausnahmslos alle Befragten waren der Meinung, seit der Beschäftigung in der Virtuellen Werkstatt mehr Lebensqualität gewonnen zu haben.

Was schwierig ist

1. Die Virtuelle Werkstatt verfügt nicht über eigene Produktionsstätten oder Dienstleistungsanbote. Dadurch ist es viel schwieriger, wirtschaftliche Arbeitsergebnisse zu erzielen.

   Die Virtuelle Werkstatt zahlt aus den Gesamteinnahmen der Beschäftigungsgeber den Lohn an die Beschäftigten.

   Die Beschäftigungsgeber müssten eine angemessene (höhere) Vergütung für die Arbeitsleistung zahlen, um die Wirtschaftlichkeit der Virtuellen Werkstatt zu sichern. Die Mehrheit der Beschäftigungsgeber ist jedoch nicht bereit, eine höhere Summe zu zahlen.

   Die Finanzierung der Arbeitsentgelte wurde in der Modellphase durch einen einmaligen, zweckgebundenen Zuschuss des Integrationsamtes unterstützt. Er ist keine Regelleistung. Das Arbeitsergebnis der Virtuellen Werkstatt reicht aber ohne Zuschuss nicht, die Beschäftigten angemessen zu entlohnen.

Eine Anrechnung der Arbeitgeberzahlungen auf Schwerbehindertenausgleichsabgabe erfolgt nicht. Die Virtuelle Werkstatt gilt aktuell noch als »sonstige Beschäftigungsstätte«. Es besteht ein statusrechtlicher Unterschied zu anerkannten Werkstätten und damit keine Anrechnung der gezahlten Vergütung.

2. Menschen mit seelischer Behinderung sind »nicht kalkulierbar«, ihr Leistungsvermögen schwankt. Betreuer und Beschäftigungsgeber müssen darauf reagieren können. Schnelle Hilfe und eine verstärkte Betreuung sind dann erforderlich.

Die Virtuelle Werkstatt kann für Beschäftigte, die krankheitsbedingt eine befristete Rückzugmöglichkeit benötigen, nichts Geeignetes bereithalten. Hier besteht seitens der Werkstatt Handlungsbedarf. Zurzeit wird geprüft, ob der Träger (ein Krankenhauskonzern) geeignete Räumlichkeiten und Unterstützung bei Bedarf zur Verfügung stellen kann, etwa in den Tageskliniken oder im Arbeitstherapie- und Trainingszentrum.

Fazit

Mit dem Angebot der Virtuellen Werkstatt erleben Menschen mit seelischer Behinderung eine neue Qualität von Integration und Teilhabe am Arbeitsleben.

Die bisherigen Erfahrungen bestätigen, dass sie unter möglichst normalen Bedingungen arbeiten wollen und dies bei der Schaffung eines entsprechenden Rahmens auch können.

Die Virtuelle Werkstatt ist eine gute Ergänzung zur klassischen Form der Werkstatt. Sie stellt für die Werkstätten keine Konkurrenz dar. Im Gegenteil, sie bereichert die Werkstattlandschaft hin zu einem personengebundenen Angebot.

Die in diesen Zeiten viel genutzten Begriffe der Inklusion und Integration werden mit dem Konzept der Virtuellen Werkstatt erlebbar. Die damit gemeinte gleichberechtigte Teilnahme behinderter und nichtbehinderter Menschen in Gesellschaft und Arbeitsleben erfahren die Beschäftigten der Virtuellen Werkstatt unmittelbar.

Eine Weiterentwicklung und ein noch besseres Gelingen von virtuellen Werkstätten muss allerdings von der Politik nicht nur gewollt, sondern auch dauerhaft sichergestellt werden.

Aktueller Stand und Ausblick

Die Virtuelle Werkstatt ist inzwischen im Regionalverband Saarbrücken fester Bestandteil der ambulanten Arbeitsintegration und Rehabilitation.

Wegen der hohen Nachfrage soll eine Erweiterung der Platzzahl auf 72 erfolgen.

Zusätzlich werden für zwei saarländische Landkreise 18 Plätze von der Virtuellen Werkstatt bereitgestellt.

In Zusammenarbeit mit dem zuständigen Fachreferat des saarländischen Sozialministeriums wurde eine neue Konzeption erarbeitet. Sie beinhaltet unter anderem den Verbund zwischen der Virtuellen Werkstatt und einer anerkannten WfbM. Die Beschäftigung von werkstattfähigen Menschen soll damit weiterentwickelt und verbessert werden. In diesem Zusammenhang ist auch vorgesehen, die Virtuelle Werkstatt als WfbM anerkennen zu lassen. Der Anerkennungsbehörde liegt eine detaillierte und der aktuellen Gesetzeslage entsprechende Konzeption vor. Wie die Anerkennungsbehörde dies bewertet und wie sie entscheidet, bleibt abzuwarten.

Die Virtuelle Werkstatt ist gespannt auf die kommende Zeit!

Kurz gefasst

Projektname: *Virtuelle Werkstatt Saarbrücken*

Projektidee: *werkstattfähigen Menschen mit seelischer Behinderung Beschäftigung in normalen Betrieben und Behörden ermöglichen*

Zielgruppe: *Menschen mit seelischer Behinderung, die nicht, noch nicht oder noch nicht wieder auf dem allgemeinen Arbeitsmarkt beschäftigt werden können*

Träger: *Saarland Heilstätten GmbH*

Zahl der Beschäftigten: *60 Personen, Einzugsgebiet: Regionalverband Saarbrücken*

Autorin des Beitrags und Kontaktperson: *Kerstin Axt, Sozialpädagogin*

Kontaktdaten: *Virtuelle Werkstatt | Großherzog-Friedrich-Straße 11 | 66111 Saarbrücken |*
Tel. 0681 / 389 12 42 |
E-Mail: www.vws@sb.shg-kliniken.de |

Es gibt keine Alternative zur Öffnung der Werkstatt

INTEGRA *Mensch* Bayreuth & Kulmbach

Inklusion statt Integration und neue Arbeitwelten statt klassische Werkstattarbeitsplätze: Die Herausforderungen für die Werkstätten reißen nicht ab. Zu Recht? Ja, zu Recht. In einer sich verändernden Umwelt ist es für die Werkstätten überlebensnotwendig, sich den neuen Gegebenheiten zu stellen und Antworten zu geben, bevor die Politik die Handlungsweisen vorschreibt. Aktives Agieren mit Blick in die Zukunft, statt passiven Reagierens mit Tränen für die Vergangenheit. Und was bei den externen Kunden wie selbstverständlich umgesetzt wird, nämlich höhere Anforderungen im Bereich Qualität und Logistik, sollte bei unseren internen Kunden, den Kolleginnen und Kollegen mit Behinderung, im Hinblick auf neue Arbeitswelten in der Nähe des ersten Arbeitsmarktes ebenfalls machbar sein.

Was bleibt, ist die Tatsache, dass die höheren Anforderungen mit reduzierten Ressourcen einhergehen. Ein Merkmal jedes Veränderungsprozesses.

Die Ausgangssituation

Die drei Werkstätten in Bayreuth und Kulmbach, die unter der Trägerschaft der Diakonie Bayreuth stehen, bieten über 550 Menschen mit körperlich-geistiger und psychischer Behinderung die klassischen Arbeitsplätze in den Bereichen Montage, Verpackung und maschinelle Fertigung an. Also Arbeiten, welche die regionale Wirtschaftssituation widerspiegeln und mit denen Aufträge von externen Firmen generiert werden. Daneben gibt es Beschäftigungsmöglichkeiten in den Bereichen Garten- und Landschaftsbau sowie hausinterne Dienstleistungen in den Küchen und im Büro. Vereinzelt konnten darüber hinaus integrierte Arbeitsplätze auf dem ersten Arbeitsmarkt angeboten werden.

Auf dieser Grundlage und im Hinblick auf eine rückläufige Auftragslage und den Zusammenschluss der drei Werkstätten zu einer gemeinnützigen GmbH, begann man im Jahr 2007 sich grundsätzlich mit dem Thema Veränderungen auseinanderzusetzen. Die Professionalisierung der klassischen Werkstattarbeitsplätze wurde dabei als Ziel formuliert. Dies geschah, um die Arbeitsplätze für Menschen mit Behinderung attraktiver zu machen und um die Auftragssituation nachhaltig zu verbessern. Zu diesem Zeitpunkt wurde festgeschrieben, dass der Mensch im Mittelpunkt der Bemühungen der Werkstatt steht. Ein Satz, der bereits seit Langem viele soziale Einrichtungen und auch die Werkstätten begleitet. Ein Satz, der aber in dem Veränderungsprozess der Bayreuther Werkstätten zu einer ungeahnten Dynamik führte.

Der Mensch im Mittelpunkt

Was bedeutet dieser Slogan aber konkret? Diese Frage wurde zum oft diskutierten Thema innerhalb des Veränderungsprozesses. Während die Vertriebsseite den Satz unter dem Blickwinkel »Der Kunde im Fokus« sehen wollte und sich für die Einführung eines Managementsystems für interne und externe Kunden stark machte, plädierte der Sozialdienst dafür, »Anwalt der Menschen mit Behinderung« zu sein und jeder Mitarbeiterin und jedem Mitarbeiter den Arbeitsplatz anzubieten, den sie oder er sich wünscht und ausfüllen kann.

Aber diese Ansätze griffen zu kurz, waren sie doch immer mit einer traditionellen Sicht auf die Arbeit mit Menschen mit Behinderung verbunden. Erst der Denkanstoß der über die UN-Konvention in die Werkstätten getragen wurde, brachte den entscheidenden Durchbruch: Der Blickwinkel musste verändert werden. Inklusion statt Integration. Die Wünsche der Menschen mit Behinderung umsetzen und dies dort, wo andere Menschen leben und arbeiten. Ist dies nicht oder nur eingeschränkt möglich, wie bei den klassischen Werkstattarbeitsplätzen, dann müssten diese Arbeitsplätze so ausgerichtet werden, dass sie auch in jeder »normalen« Firma sein könnten.

Die logische Konsequenz aus diesen Gedanken war die Öffnung der Werkstatt in Richtung allgemeiner Arbeitsmarkt. Also Arbeitsplätze anzubieten, in Ergänzung zu den klassischen Werkstattarbeitsplätzen, in Firmen und Organisationen, in denen Mitarbeiter mit und ohne Behinderung gemeinsam Leistungen erbringen.

INTEGRA *Mensch*

Die Idee, Arbeitsplätze auf dem ersten Arbeitsmarkt anzubieten, jedoch unter dem Dach der Werkstätten, war damit beschlossene Sache. Durch den guten regionalen Kontakt wurde bereits das inspirierende Konzept »INTEGRA *Mensch*« der Bamberger Werkstätten ausführlich diskutiert und aufgrund der beschriebenen Vorüberlegungen adaptiert. Seit dem 1. April 2010 wird es offiziell in die Tat umgesetzt.

Neben dem Ziel, den Inklusionsgedanken umzusetzen, kann damit das Angebot an Arbeitsplätzen erweitert werden: Neben den klassischen Arbeitsplätzen in Montage, Verpackung und maschineller Fertigung sind damit auch Tätigkeiten in Bereichen wie Krankenhäusern, Altenheimen oder Gastronomie möglich, um nur einige Beispiele zu nennen.

Grundsätzliches *

Grundlagen der Konzeption sind die geltende Sozialgesetzgebung, insbesondere das SGB IX mit seinen Regelungen für die Werkstätten, die Werkstättenverordnung und die Forderung der Vereinten Nationen nach voller Inklusion von Menschen mit Behinderungen in allen gesellschaftlichen Bereichen.

In Anlehnung an das Bamberger Modell wird der neue Arbeitsbereich INTEGRA *Mensch* mit dem Zusatz »Bayreuth & Kulmbach« genannt. Dadurch

---

* aus dem Konzeptpapier von Klaus Eisenstein, Bereichsleiter INTEGRA *Mensch*, zum Auf- und Ausbau von integrierten Arbeitsplätzen auf dem allgemeinen Arbeitsmarkt durch die Werkstätten für behinderte Menschen gGmbH der Diakonie Bayreuth (Auszüge)

wird dazu beigetragen, dass INTEGRA *Mensch* mit seinen speziellen Handlungsansätzen zu einer bekannten Marke wird.

INTEGRA *Mensch* Bayreuth & Kulmbach ist ein eigenständiger Arbeitsbereich der Werkstätten, der sich gleichberechtigt zu den klassischen Arbeitsplätzen etabliert.

Organisatorisch ist der neue Arbeitsbereich dem Leiter des Sozialdienstes der Werkstätten unterstellt.

Im Mittelpunkt aller Überlegungen und der praktischen Arbeit stehen die Handlungsansätze der Sozialraumorientierung, der Orientierung an den Ressourcen des Menschen mit Behinderung sowie die Beachtung des Normalisierungsprinzips im Sinne einer weitestgehenden Teilhabe am gesellschaftlichen Leben.

Der Mensch mit Behinderung wird als ganzheitliches soziales Wesen betrachtet, das über die Teilhabe am Erwerbsleben hinaus in seiner Familie und in seinem Wohnumfeld verankert ist und dort eigene Bedürfnisse hinsichtlich der Gestaltung des Wohnens und des Freizeitlebens besitzt. Die berufliche Eingliederung des Menschen mit Behinderung soll seinen Wünschen und dem von ihm geäußerten Willen entsprechen und möglichst nicht durch institutionelle oder betriebliche Gegebenheiten eingeengt werden.

Da ein unmittelbarer Übergang aus der Werkstatt in eine tariflich bezahlte Tätigkeit nur in wenigen Fällen gelingt, orientiert sich INTEGRA *Mensch* vorrangig an der Möglichkeit des dauerhaften Angebots von ausgelagerten Arbeitsplätzen. Nach der Sichtweise der Bundesarbeitsgemeinschaft der überörtlichen Träger der Sozialhilfe zur Ausgestaltung von Arbeitsplatzangeboten, können »… Arbeitsplätze auf dem allgemeinen Arbeitsmarkt unter dem Dach der Werkstätten als weitergehende Maßnahme die optimale und derzeit höchsterreichbare Normalität …« darstellen (Punkt 4.3.3. Absatz 3 b der Werkstattempfehlungen der BAGüS). Eine weitergehende Inklusion durch den Übergang in eine tariflich bezahlte Tätigkeit zu einem späteren Zeitpunkt wird dabei nicht aus dem Auge gelassen.

Mit dem Angebot eines integrierten, sozialraumorientierten Arbeitsplatzes erhalten Schulabgänger aus den Förderschulen und Mitarbeiterinnen und Mitarbeiter der Werkstätten die Möglichkeit, Arbeitsbedingungen, Arbeitsabläufe und Arbeitsplatzgestaltungen des allgemeinen Arbeitsmarktes kennenzulernen (Praktikumsphase) und sich dort zu etablieren (längerfristige Beschäftigung).

Die berufliche Rehabilitation von Menschen mit Behinderungen wird mit diesen Bemühungen stärker in der Gesellschaft verankert.

Auf die persönlichen Ressourcen eines jeden Menschen mit Behinderung wird dabei in besonderer Weise eingegangen. So wird sichergestellt, dass Eingliederungsprozesse besser gelingen und die Motivation der Rehabilitanden entscheidend gefördert wird.

Adressaten

Das Angebot eines integrierten Arbeitsplatzes richtet sich an Menschen, die entsprechend der Regelungen im § 136 Absatz 1 des SBG IX »…wegen (der) Art oder Schwere der Behinderung nicht, noch nicht oder noch nicht wieder auf dem allgemeinen Arbeitsmarkt beschäftigt werden können…«.

Nach den Auslegungen der zuständigen Leistungsträger ist dies bei Menschen mit einer nachgewiesenen vollständigen Erwerbsunfähigkeit (Beschäftigungsmöglichkeit von täglich weniger als drei Stunden auf dem allgemeinen Arbeitsmarkt) gegeben.

Grundsätzlich stehen die Angebote von INTEGRA *Mensch* entsprechend der Regelungen im SGB IX allen Menschen unabhängig von der Art und Schwere der Behinderung offen. Damit richten sich die Angebote an Menschen mit einer geistigen, einer psychischen und / oder einer körperlichen Behinderung. Wichtiges Kriterium für eine Vorbereitung zur Aufnahme eines Menschen mit Behinderung auf einen integrierten Arbeitsplatz ist dessen Wille, von diesem Angebot Gebrauch zu machen.

Die vorgelagerten Einrichtungen (Schulen) und der Sozialdienst der Werkstätten wirken deshalb bereits im Vorfeld auf einen Einsatz in einem integrierten Arbeitsplatz hin. So können auch Schülerinnen und Schüler und Mitarbeiterinnen und Mitarbeiter erreicht werden, die ihre eigenen Ressourcen und Fähigkeiten unterschätzen.

Die beschriebenen Adressaten können beim Übergang von der Schule in das Berufsleben, während des Eingangsverfahrens und der beruflichen Bildung oder aus einem bestehenden Beschäftigungsverhältnis innerhalb einer Werkstatt aufgenommen werden.

Rechtsverhältnis

Bei den Aufnahmen aus dem Übergang von der Schule in das Berufsleben ist ein Bildungsvertrag Grundlage der Beschäftigung, der nach dem Abschluss der Berufsbildungsmaßnahme und der Prüfung durch den Fachausschuss in den Status eines Beschäftigten unter dem Dach der Werkstätten übergehen kann. Gleiches gilt für Aufnahmen während einer bereits in der Werkstatt begonnenen beruflichen Bildung.

Bei Übergängen aus dem Arbeitsbereich einer Werkstatt auf einen integrierten Arbeitsplatz bleibt der Status des Werkstattbeschäftigten mit allen sich daraus ergebenden Rechten und Pflichten erhalten. Neue Verträge, die auf die speziellen Bedingungen am integrierten Arbeitsplatz eingehen, werden nach erfolgreicher Beendigung der Praktikumsphase und der Übernahme an einer Beschäftigungsstelle abgeschlossen.

Die Beschäftigung auf einem Arbeitsplatz unter dem Dach der Werkstätten erfolgt analog zu den traditionellen Werkstattarbeitsplätzen in einem arbeitnehmerähnlichen Rechtsstatus.

Es besteht ein jederzeitiges Rückkehrrecht in die Werkstatt.

Das Angebot von integrierten Arbeitsplätzen verfolgt ausschließlich und unmittelbar gemeinnützige Zwecke im Sinne der Abgabenordnung. Die Überlassung der behinderten Mitarbeiter an die Einsatzstellen fällt daher nicht unter die Regelungen des Arbeitnehmerüberlassungsgesetzes und ist somit auch nicht erlaubnispflichtig.

Praktische Umsetzungen

(Analog zum Konzept von INTEGRA *Mensch* der Lebenshilfe Bamberg)
Die Interessen und der Wille des Beschäftigten sind Bezugspunkt der Arbeitsplatzauswahl. Die ernsthafte Auseinandersetzung mit den Wünschen,

»Die Werkstatt war mir zu eng.«

Eine neue Lebensform für Menschen im Alter und der Wunsch, außerhalb der Werkstatt eine Arbeit zu finden, brachten **Alexandra Rost** mit ihren Namensvetter Otto W. Rost zusammen. Nicht verwandt und doch auf Anhieb sympathisch fand der Einrichtungsleiter der Caritas Hausgemeinschaften »St. Elisabeth« in Hollfeld bei Bayreuth die junge Frau, der es in der Werkstatt immer »ein bisschen eng war«. Alexandra Rost wollte hinaus. Hinaus zu Menschen. Sie wollte nicht mehr verpacken, montieren oder verkleben. Sie wollte helfen. Das Konzept der Caritas »Leben in Hausgemeinschaften«, in denen Senioren ein aktives, selbstbestimmtes Leben führen, kam da gerade recht. Hier fand Alexandra Rost in der Nähe ihres Wohnortes eine Einrichtung, die ihr ihren Berufswunsch erfüllte. Otto W. Rost ist begeistert von der jungen Frau, die als Alltagshelferin den Menschen in der Hausgemeinschaft dann zur Seite steht, wenn diese Hilfe brauchen. Hilfe beim Bügeln, Kochen und Putzen. Aber Alexandra Rost hört auch gerne zu, wenn Geschichten erzählt oder Herzen ausgeschüttet werden. Sie ist einfach nur da, wo Hände, Ohren und Mitgefühl gebraucht werden. Genau das, was sie sich vorgestellt hat. Zurück in die Werkstatt will sie nicht. »Immer noch zu eng«, sagt sie und lächelt verschmitzt.

Vorstellungen und Fähigkeiten des Beschäftigten, in der Biografie wie in der aktuellen sozialen Umgebung, sind Ausgangspunkt jeder Intervention.

Der zu suchende Arbeitsplatz wird in seiner inhaltlichen, zeitlichen und sozialen Gestaltung auf die Möglichkeiten und Interessen des Beschäftigten individuell zugeschnitten. Bei diesen Such- und Passaufgaben werden möglichst viele Personen und Positionen aus dem Umfeld (Familie, Verwandte, Nachbarn, Bewohner, Kollegen, Verantwortungsträger wie Personalchefs, Kommunalpolitiker usw.) einbezogen.

Es ist Aufgabe der Integrationsbegleiter, vielfältige potenzielle Arbeitsfelder, Branchen und Arbeitsorganisationen in den verschiedenen, für die zukünftigen Mitarbeiter (räumlich und sozial) nahen Gemeinden, Gemeinde- und Stadtteilen für Beschäftigungsmöglichkeiten zu gewinnen. Auf den verschiedensten Ebenen sind dazu Netzwerke zu knüpfen und für Inklusionsmöglichkeiten zu nutzen. Der Auftrag der Inklusion wird als gemeinsame Aufgabe verstanden. Fallunspezifische Arbeit, wie Informationen mehren, Kontakte knüpfen, Multiplikatoren und Türöffner finden, Kooperationsmöglichkeiten ausloten, ist demnach ein zentraler Bestandteil der Arbeit der Integrationsbegleiter.

Mit dem Arbeitsplatz wird auch die Wohnsituation nach ihrer Passung und den Autonomiewünschen des Beschäftigten überprüft und gegebenenfalls verändert.

Der Beschäftigte wird unterstützt, gemeindenahe Informationen, Kontakte, Freizeit-, Mobilitäts- und Beteiligungsmöglichkeiten als Bürger zu finden und zu nutzen.

Teilnehmerauswahl und Beginn

Die Auswahl der Teilnehmer wird vom Vorhandensein eines Interesses an der Weiterentwicklung der eigenen Persönlichkeit geprägt. Die Bereitschaft zur Übernahme von Eigenverantwortung muss ebenso vorausgesetzt werden können wie der Wille, sich neues Wissen anzueignen und mehr Eigenständigkeit erreichen zu wollen.

Dazu wird ein ausführliches Informationsgespräch zwischen dem Interessenten und dem Integrationsbegleiter geführt, um gemeinsam die Bedürfnisse, die Wünsche, die Motive und die Ressourcen des Interessenten zu klären.

In einem zweiten Schritt geht es um die Aktivierung, Mobilisierung und Würdigung der gefundenen Ressourcen und Vorstellungen (Arbeit mit der Familienschatzkarte, der Netzwerkkarte und dem Ressourcencheck).

Unter Einbindung des Menschen mit Behinderung und der gewonnenen Unterstützer wird sich auf die Suche nach einer geeigneten Einsatzstelle begeben und bereits jetzt der Interessent auf die Aufnahme der Tätigkeit an der Einsatzstelle durch den Integrationsbegleiter (Fahrtraining etc.) vorbereitet.

Auswahl der Beschäftigungsstelle

Die Auswahl einer Beschäftigungsstelle wird von folgenden Faktoren geprägt:

– Wohnortnahe Lage des Betriebes (Sozialraumorientierung),
– Hohe Übereinstimmung zwischen den Bedürfnissen und Wünschen des Menschen mit Behinderung und denen des Betriebes,
– Abstimmung auf individuelle Stärken und fachliche Entwicklungsmöglichkeiten des Menschen mit Behinderung,
– Möglichkeit zur Ermittlung eines Paten in Absprache mit der Beschäftigungsstelle und Klärung, in welchem Umfang der Integrationsbegleiter den Praktikanten und Paten des Betriebes unterstützt.

Die Akquisition der integrierten Arbeitsplätze erfolgt durch den Integrationsbegleiter, den Menschen mit Behinderung, dessen soziales Umfeld sowie durch Unterstützung von externen Dritten (Lobbyarbeit).

Ist eine Stelle gefunden, wird ein Praktikum für mehrere Monate auf einem integrierten Arbeitsplatz zur Erprobung der »Passung« der Einsatzwünsche und des Durchhaltevermögens des Teilnehmers vereinbart. Während des Praktikums finden weitere gemeinsame Planungen zum Erhalt eines dauerhaft ausgegliederten Arbeitsplatzes statt.

Begleitung am integrierten Arbeitsplatz

In der Beschäftigungsstelle erfolgt eine praktische Qualifizierung für die Mitarbeiterin / den Mitarbeiter. Schwerpunkte sind dabei:

– Ermittlung des Unterstützungsbedarfes,
– Erkennen und Strukturieren von geeigneten Arbeiten für den Mitarbeiter,
– Intensive Arbeitsbegleitung, hierbei wird der Grundsatz »Erst platzieren – dann qualifizieren« berücksichtigt,
– Erstellen von Arbeitshilfen, z.B. Arbeitsplänen, Vorrichtungen, etc.,
– Vermittlung von Schlüsselqualifikationen, allgemeinen Grundlagen und Fachkenntnissen,
– Trainieren von Einzelfähigkeiten,
– Individuelle Unterstützung in lebenspraktischen Belangen, gegebenenfalls Krisenintervention,
– Führen regelmäßiger Auswertungsgespräche,
– Individuelle Entwicklungsplanung, Dokumentation und Berichtswesen.

Soziale Betreuung der Mitarbeiterin / des Mitarbeiters

Die Mitarbeiterin / der Mitarbeiter verbleibt in der Gesamtverantwortung von INTEGRA *Mensch*. Im Einvernehmen mit der Beschäftigungsstelle wird die soziale Betreuung am Arbeitsplatz durch den Integrationsbegleiter sichergestellt. In Absprache mit der Beschäftigungsstelle wird parallel hierzu die soziale Betreuung auf geeignete Betriebsangehörige der Beschäftigungsstelle mit übertragen (Patensystem).

Der Integrationsbegleiter und der Pate arbeiten eng zusammen. Der Ansprechpartner von INTEGRA *Mensch* steht mit dem Paten in einem kontinuierlichen Dialog und unterstützt ihn bei allen auftretenden Fragen und Problemstellungen.

Soweit persönliche Schwierigkeiten bei der Mitarbeiterin / dem Mitarbeiter auftreten, die durch die vorgenannte soziale Betreuung nicht aufgefangen werden können, verpflichtet sich INTEGRA *Mensch*, die Mitarbeiterin / den Mitarbeiter vorübergehend oder auf Dauer in den Werkstattbereich der Werkstätten zurückzunehmen oder auf einem anderen geeigneten integrierten Arbeitsplatz unterzubringen.

Die Rahmenbedingungen im Hinblick auf Weisungsbefugnis an der Beschäftigungsstelle, Arbeitszeiten, Versicherung, Urlaub, Krankheit, Dokumentation der Anwesenheit, Arbeitskleidung, Mittagessen, Fahrtkosten, Aufwandsentschädigung, Kündigung und Erteilung eines Zeugnisses richten sich nach dem bekannten Regelwerk der Werkstätten.

Personelle Ausstattungen und Finanzierung

Das startet mit einem Bereichsleiter, der auch gleichzeitig als Integrationsbegleiter für Menschen mit einer psychischen Behinderung arbeitet und mit zwei Integrationsbegleitern für Menschen mit einer geistigen Behinderung an den Standorten Bayreuth und Kulmbach.

Die notwendigen Personal- und Sachkosten müssen sich mittelfristig über die Pflegesätze finanzieren. Eine Anschubfinanzierung, auch für die Sachausstattung, erfolgt aus Mitteln des Trägers.

Die Löhne für die auf integrierten Arbeitsplätzen beschäftigten Mitarbeiterinnen und Mitarbeiter müssen sich inklusive aller Nebenkosten aus den Aufwandsentschädigungen der Beschäftigungsstellen finanzieren lassen.

Besonderheiten

INTEGRA *Mensch* Bayreuth & Kulmbach gehen an den beiden Standorten derzeit noch unterschiedliche Wege, die hier kurz beschrieben werden. Dieses Vorgehen ist abgestimmt auf die gewachsenen und personellen Unterschiedlichkeiten an beiden Standorten.

Während in Bayreuth INTEGRA *Mensch* bereits von Anfang an mit Praktikumsplätzen außerhalb der Werkstätten gearbeitet hat und die Qualifizierung somit mit und an der Arbeitsstelle erfolgt, wurde in Kulmbach ein alternativer Übergang gewählt.

In der Werkstatt in Kulmbach startete man mit Tandemarbeitsplätzen innerhalb der Werkstatt. Ziel dieser Tandemarbeitsplätze ist es, den Kolleginnen und Kollegen mit Behinderung einen sanften Übergang auf den integrierten Arbeitsplatz zu ermöglichen, indem sie innerhalb der Werkstatt, aber gelöst aus den bisherigen Gruppenarbeitsplätzen, Dienstleistungen für die Werkstatt erbringen. Die fachliche Anleitung erfolgt dabei über Personalmitarbeiter in den einzelnen Bereichen, wie beispielsweise den Hausmeister oder die Servicekraft in der Küche. Diese bilden mit dem Menschen mit Behinderung das Tandem.

Es konnten folgende Bereiche innerhalb der Werkstatt mit Tandemarbeitsplätzen versehen werden: Der Kiosk und die Küche, das Lager, Hausmeister- und Putztätigkeiten.

Auch hier gilt der Grundsatz »Erst platzieren – dann qualifizieren«. Dies passiert aber wesentlich enger an und in der Werkstatt.

Ziel ist es, über diese Arbeitsplätze einen Übergang in den eigentlichen Bereich von INTEGRA *Mensch* (integrierte Arbeitsplätze) zu ermöglichen und einen neuen Dienstleistungsbereich (Hausdienstleistungen) für die Werkstatt, einen angrenzenden Wohnbereich und für externe Dritte zu etablieren.

Erste Ergebnisse

Obwohl das Projekt INTEGRA *Mensch* in Bayreuth und Kulmbach erst im April 2010 gestartet ist, kann bereits über erste ermutigende Ergebnisse berichtet werden.

So kamen in den wenigen Monaten der Existenz dieser Projekte sowohl in Bayreuth als auch in Kulmbach bereits zusätzliche integrierte (ausgelagerte) Beschäftigungsmöglichkeiten zustande.

Bei den derzeit noch laufenden Praktika bewähren sich die eingesetzten Mitarbeiterinnen und Mitarbeiter ebenfalls, sodass, unter der Voraussetzung, dass auch die potenziellen Beschäftigungsstellen positiv mitwirken, es sicher zum Jahresende zu weiteren Erfolgen kommen wird.

Die ersten Ergebnisse im Bereich der Tandemarbeitsplätze sind ebenfalls verblüffend: Kolleginnen, die in der Gruppe bislang eher unauffällig waren, meistern den Kioskverkauf selbstständig, und Eltern berichten von weitaus zufriedeneren Kindern, weil diese stolz auf die Gärtnertätigkeiten gemeinsam mit dem Hausmeister sind.

Die Anfänge zeigen, dass mit den in diesem Jahr begonnenen Aktivitäten ein Schritt in die richtige Richtung getan wurde.

Buchtipp: Dieter Basener, Silke Häußler: Bamberg bewegt. Integration in den Arbeitsmarkt: Eine Region wird aktiv. Hamburg, 53° Nord Agentur und Verlag, 2008

Kurz gefasst

Projektname: *INTEGRA Mensch Bayreuth & Kulmbach*

Projektidee: *Vermittlung und Schaffung von sozialraumorientierten Arbeitswelten für Menschen mit Behinderung am allgemeinen Arbeitsmarkt (oder in seiner Nähe)*

Zielgruppe: *Menschen mit körperlicher, geistiger oder psychischer Behinderung*

Träger: *Werkstätten für behinderte Menschen gGmbH der Diakonie Bayreuth*

Zahl der Teilnehmer/innen: *bisher ca. 20, stetig wachsend*

Kontaktperson: *Klaus Eisenstein, Bereichsleiter INTEGRA Mensch Bayreuth & Kulmbach*

Kontaktdaten: *Werkstätten für behinderte Menschen gGmbH der Diakonie Bayreuth, INTEGRA Mensch Bayreuth & Kulmbach, | Rhönstraße 25 | 95448 Bayreuth |*
Tel. 0921 / 990 084 12 |
E-Mail: klaus.eisenstein@diakonie-bayreuth.de |

Autoren des Beitrags: *Hartmut Springfeld (Geschäftsführer der Werkstätten für behinderte Menschen gGmbH der Diakonie Bayreuth), Klaus Eisenstein (Bereichsleiter INTEGRA Mensch)*

(Aus-)Bildung eRnst gemeint

Berliner Werkstätten für Behinderte (BWB) GmbH

Die Kooperation »**eRnst**« (**e**igene **R**essourcen **n**utzen und **st**euern) beweist, dass in Werkstätten eine Fachlichkeit liegt, die auch gewinnorientierte Unternehmen für sich nutzen können. Die Berliner Werkstätten (BWB)

agieren in diesem Projekt nicht als Sondereinrichtung, in der Menschen mit Behinderung von Arbeits- und gesellschaftlichem Leben separiert werden, sondern als Unternehmen mit spezifischem Leistungsprofil, das in einer vielfach differenzierten Arbeitswelt selbstbewusst seinen Platz einnimmt.

Für die BWB geht es dabei vor allem um den Zugang der behinderten Beschäftigten, in der Folge Mitarbeiter genannt, zum allgemeinen Arbeitsmarkt mit seinen Möglichkeiten der Beschäftigung und der Ausbildung. Damit realisiert die BWB Inklusion als den »Zugang aller Bürger (...) unter Berücksichtigung ihrer individuellen Möglichkeiten« (Gesellschaft Erwachsenenbildung und Behinderung e.V. 1998, S. 142).

Um diesen Anspruch zu erfüllen, muss sich die BWB mit ihrem Bildungs- und Förderprogramm am allgemeinen Arbeitsmarkt und dessen Entwicklungen orientieren.

Trotz der Wirtschaftskrise des Jahres 2009 sind Arbeitgeber auf der Suche nach qualifizierten und motivierten Arbeitskräften, die bei entsprechender Nachfrage schnell und flexibel tätig werden können. Damit bleibt die Notwendigkeit bestehen, möglichst alle Bevölkerungsgruppen für den Arbeitsmarkt zu aktivieren. Parallel dazu verändern sich Erwerbsbiografien: Neben dem erworbenen Fachwissen steigt die Nachfrage nach sogenannten Schlüsselkompetenzen, die für viele Berufe und Tätigkeiten qualifizieren. Die Vorteile der in Deutschland üblichen dualen Ausbildung, mit ihrer Mischung aus Praxis (am Arbeitsplatz) und Theorie (in der Schule), werden dabei wieder stärker anerkannt. Das sind gute Aussichten für Menschen, die besondere Unterstützung brauchen, und die passgenaue BWB-Kooperation »eRnst«.

Den Porsche-Geruch schnuppern

Am Anfang war eine Idee ... und der Traktor. Alles begann mit der Begeisterung von Gruppenleiter Mike Piontek für die seit langem nicht mehr gebauten Porsche-Traktoren: Er hatte sich in den Kopf gesetzt, einen alten Traktor, Baujahr 1959, mit Mitarbeiterinnen und Mitarbeitern wieder instand zu setzen. In Zusammenarbeit mit dem Porsche Diesel Club und dessen Präsidenten Harald S. Stegen wurde der Lions Club als Sponsor gefunden und der »Scheunenfund« im September 2007 von einem Projektteam, bestehend aus zehn Mitarbeitern und zwei Gruppenleitern, restauriert.

Als Projekt zu beginnen, erwies sich als ergiebiger und günstiger Einstieg. Ohne großen personellen und finanziellen Aufwand entwickelten die Mitarbeiter der BWB ihr Interesse und vor allem ihre Kompetenzen für anspruchsvolle Tätigkeiten der Mechanik und Metallverarbeitung bei der Restaurierung einer Zugmaschine. Neben den BWB-Mitarbeitern nahmen an dem Restaurationsprojekt auch Schüler und Schülerinnen von Abschlussklassen aus Förderschulen teil; sie wurden über einige Monate stundenweise vom Unterricht befreit, um in der Werkstatt »mitzuschrauben«.

Zwei Monate später übergab der Porsche-Diesel-Club Europa der BWB einen zweiten Traktor, den ein anderes Projektteam an einem anderen Standort der BWB restaurierte. Der dritte und größte Traktor-Oldtimer wurde schließlich von einer Frauengruppe aufgearbeitet: Die teilnehmenden Frauen korrigierten im Sommer 2008 manches Vorurteil über Frauen und Technik und nannten »ihr« Traktorprojekt passend »Rote Zora«. Gesponsert vom Porsche-Zentrum Berlin trafen sich die Frauen – ebenso wie die anderen Projektteams – regelmäßig an einem Tag in der Woche und konnten nach nur 36 Tagen das Fahrzeug an Stephan Altrichter, Geschäftsführer der Porschezentren Berlin und Berlin-Potsdam, übergeben.

»Ich bin ein Reinigungsspezialist.«

Nico Fröhlich ist Teilnehmer des Berufsbildungsbereiches in der Berliner Werkstatt für behinderte Menschen. Sein Qualifizierungsplatz ist die Lernwerkstatt. Hier werden historische Trecker der Marke Porsche restauriert. Nico Fröhlich: »Ich bin hier der Reinigungsspezialist. Ich befreie die auseinandergebauten Teile von Dreck und Fett und wenn ich entscheide, dass sie sauber genug sind, gebe ich sie weiter zum Entrosten.« Neben dieser praktischen Arbeit erhält Nico Fröhlich spezielle Schulungen. Die integrierte Berufsbildung ist so konzipiert, dass sie als Sprungbrett in den Arbeitsmarkt fungieren kann. Bildungskoordinatorin Johanna Heilemann erläutert die Konzeption: »Wir verwirklichen hier das Konzept der Lerninsel. Es ermöglicht uns, Fragen und Probleme aus der täglichen Arbeit unmittelbar aufzugreifen und vor Ort zu klären. Wir können dadurch die berufliche Bildung individualisieren, Leerlaufzeiten nutzen und bei Bedarf Theoriephasen einschieben. Nico Fröhlich ist nicht von ungefähr bei den Porsche-Treckern gelandet: »Ich habe früher schon zugesehen, wie Bekannte Oldtimer restaurierten. Das hat mich immer interessiert.« Und zu seinen Zukunftsplänen sagt er: »Ich möchte auf einen Arbeitsplatz bei Porsche wechseln, wenn es geht mit fester Anstellung. Ich habe große Lust, in der Praxis zu arbeiten und ich glaube, ich kann da meinen Mann stehen.«

Die Auswertung der Projekte bestätigte den unmittelbaren Eindruck eines großen Erfolgs: die Motivation der BWB-Mitarbeiter stieg an, diskriminierende Stereotypen gegenüber Menschen mit Behinderungen oder Frauen wurden ad absurdum geführt, Angehörige, Presse und Öffentlichkeit wurden aufmerksam. Den Mitarbeitern gelang ein wichtiger Schritt auf dem Weg von der Schule zur Berufstätigkeit in einer Werkstatt, der dort jedoch nicht enden sollte.

Mit den Projekten war eine enge Kooperation und ungewöhnliche Partnerschaft zwischen den Porschezentren Berlin-Potsdam und den Berliner Werkstätten für Behinderte GmbH entstanden, die fortgesetzt werden wollte, sowohl seitens der verantwortlichen Geschäftsführer als auch auf der Seite der Mitarbeiter.

Personal- und Betriebsmittel intern:
Projekte im internen Berufsbildungsbereich (Anzahl Projekte): 6
Zeitlicher Rahmen: ein Tag / Woche, ca. 30-50 Wochen
Beteiligte Personen: ein Gruppenleiter / ein technischer Berater
(Pate) durch den Porsche-Dieselclub Europa e. V.
Qualifikationen: Gruppenleiter: Facharbeiter im Bereich Metall mit
SPZ, Pate: Kfz-Mechatroniker
Zahl der geförderten Mitarbeiter: 38

Vom Projekt zum ausgelagerten Arbeitsplatz

Hoch zufrieden mit den Arbeitsergebnissen der Projektgruppen, entstand der Wunsch, Motivation und Kompetenz der BWB-Mitarbeiter auch in den Porschezentren einsetzen zu können.

Und wieder wurde aus einer Idee eRnst: derzeit arbeitet ein BWB-Mitarbeiter im Teiledienst, ein zweiter als Werkstatthelfer bei Porsche. Für zwei offene Stellen – darunter eine Tätigkeit am Empfang – werden gegenwärtig geeignete Mitarbeiter gesucht. Unterstützend berät und begleitet ein spezielles Team (das Integrationsmanagement der BWB) sowohl die Mitarbeiter als auch den Betrieb: Für Stephan Heß, den Leiter des Porsche-Teiledienstes,

ist dieses Konzept der Schlüssel zum Erfolg: Mitunter mehrmals wöchentlich trifft sich der BWB-Jobcoach vor Ort mit den Mitarbeitern und den Verantwortlichen der Firma zu einem Auswertungsgespräch. Die Ergebnisse dieser Auswertungsgespräche fließen direkt in die Bildungsplanung des Mitarbeiters ein.

»Der Jobcoach hilft uns, die Hemmschwelle zu überwinden, und er ist die Vertrauensperson für den Mitarbeiter. Er sagt uns, wie wir unsere Eingliederungsbemühungen weiter verbessern können.« *Stephan Heß, Teiledienstleiter Porsche Zentrum Berlin*

Um die Qualifizierung auf fachlich hohem Niveau anbieten zu können, veränderten sich auch in der BWB Strukturen und Prozesse; ein entsprechender Qualifizierungsbereich wurde geschaffen: »Ein eigener Arbeitsbereich wäre mir zu wenig gewesen«, erinnert sich Norbert Losch, Gesamt-Koordinator der Kfz-Arbeitsfelder in der BWB. »Die Begeisterung und Motivation der Projektmitarbeiter war unglaublich und auch für die Mitarbeiter auf Außenarbeitsplätzen musste ein entsprechender Qualifizierungsort aufgebaut werden.« Dies war die Geburtsstunde der Kfz-Lernwerkstatt.

Personal- und Betriebsmittel extern:

Externer Berufsbildungsbereich (Anzahl der Mitarbeiter im externen Kfz-Bereich): Zwei Mitarbeiter erhalten ihre berufliche Bildung im Porsche Zentrum Berlin und ein Mitarbeiter arbeitet »ausgelagert«. Drei weitere Bildungsplätze werden derzeit besetzt.
Zeitlicher Rahmen: Zwei Jahre
Beteiligte Personen: Sozialarbeiter, Bildungskoordinatorin,

Jobcoach, Praxisanleiter
Qualifikationen: Sozialpädagogin, Facharbeiter mit SPZ,
Kfz-Mechaniker (Meistertitel mit Ausbildereignung)
Zahl der geförderten Mitarbeiter: 3

Durchlässigkeit und Qualifizierung: Die Lernwerkstatt

»Ich lerne immer noch jeden Tag – es geht immer weiter.«

Steven-Patrick Frankenberg und Proschlitz, Mitarbeiter der Lernwerkstatt

An den unterschiedlichen Bedürfnissen und Anforderungen der Werkstattmitarbeiter orientiert, sollte ein Ort entstehen, der nahe dem allgemeinen Arbeitsmarkt

– die berufliche Bildung im Kfz-Bereich ermöglicht,
– im Arbeitsbereich einen Kfz-Arbeitsplatz bietet sowie
– auf einen Arbeitsplatz des allgemeinen Arbeitsmarktes im Bereich KFZ (externer Berufsbildungsbereich und ausgelagerte Arbeitsplätze) vorbereitet.

Die Kfz-Lernwerkstatt vereint alle genannten Anforderungen. Derzeit arbeiten und lernen insgesamt 25 Mitarbeiter in der Lernwerkstatt. Daneben besuchen im Rahmen ihres wöchentlichen *Berufsschultags* BWB-Mitarbeiter von ausgelagerten Arbeitsplätzen (externe Mitarbeiter) die Lernwerkstatt. Die in diesem Bereich stattfindende Ausbildung orientiert sich an einer *(Aus-)Bildungskultur,* die von den Bildungskoordinatoren der BWB und den Anleitern der Porschezentren gemeinsam erarbeitet wurde. Zentraler Bestandteil ist ein Rahmenplan. Lernziele aus der Praxis, regelmäßige Lernzielkontrollen, Auswertungsgespräche und eine individuelle Begleitung ermöglichen Ausbildung auf verschiedenen Niveaus und in unterschiedlicher Geschwindigkeit.

Nach diesem Rahmenplan werden sowohl die Azubis in den Porschezentren als auch die Mitarbeiter der Lernwerkstatt qualifiziert. Die Lernwerkstattmitarbeiter erhalten mit der geeigneten Didaktik und entschleunigtem Lernen eine entsprechend übertragbare und passgenaue Qualifizierung, auf die die Anleiter der Porschezentren aufbauen können.

Steven-Patrick Frankenberg und Proschlitz beschreibt seinen Arbeitsplatz in der Lernwerkstatt wie folgt: »Man darf den ganzen Tag an Fahrzeugen schrauben – und dafür kriegt man dann sogar noch Geld!« Unabhängig von der Zielstellung für den einzelnen Teilnehmer, sei es der allgemeine Arbeitsmarkt oder ein passender Werkstattplatz, hält die Ausbildung alle Wege offen.

»In der Lernwerkstatt lernen wir den Umgang mit den verschiedenen Werkzeugen genau kennen. Es wird einem ganz genau erklärt, was man wie anwenden kann – ich habe im Hinterkopf: Ich kann mir Zeit lassen – und das ist schon ein ruhigeres Arbeiten als auf dem ersten Arbeitsmarkt. Und dann? Ja, wer weiß, was noch kommt.«   *Tom Sühnel, Mitarbeiter der Lernwerkstatt*

Personal- und Betriebsmittel integriert

Integrierter Berufsbildungsbereich (Anzahl der Mitarbeiter in der Kfz-Lernwerkstatt): 28 Mitarbeiterinnen und Mitarbeiter

Zeitlicher Rahmen: zwei Jahre

Beteiligte Personen: drei Gruppenleiter, ein Sozialarbeiter, eine Bildungskoordinatorin, ein Ausbildungsleiter des Porschezentrums

Qualifikationen: Dipl. Pädagogin, Sozialpädagogin, Facharbeiter mit SPZ, Kfz-Mechaniker Meister

Zahl der geförderten Mitarbeiter: 30 (zwei in den externen Bereich übergeleitet)

Einblicke in die Praxis

»Warum ich gerne im Kfz-Bereich arbeite? Der Geruch, das Material, die Power – das ist schon was!« *Tom Sühnel, Mitarbeiter in der Lernwerkstatt*

Drei junge Männer im Blaumann und mit ölverschmierten Händen sitzen in der Lernwerkstatt der Berliner Werkstätten. Trotz der Verschiedenheit ihres beruflichen Werdegangs und unterschiedlicher Berufsperspektiven verbindet die jungen Männer eines: Sie sind begeisterte Kfzler.

Tom Sühnel ist erst seit einigen Monaten in der Werkstatt – er ist Mitarbeiter im *integrierten Berufsbildungsbereich* der BWB. Seine berufliche Bildung ist ausgerichtet auf die konkreten Anforderungen des allgemeinen Arbeitsmarktes. Ein Teil der Bildung findet in der Praxis statt: er restauriert Fahrzeuge. Die Fachtheorie wiederum entstammt dem gemeinsam mit den Porschezentren Berlin und Berlin-Potsdam entwickelten (Ausbildungs-)Rahmenplan. In den Worten eines BWB-Azubis: »Meine berufliche Bildung ist so angelegt, dass ich in den ersten Arbeitsmarkt wechseln kann. Ich erhalte spezielle Schulungen und mehr Theorie als die anderen.« Herr Sühnel hat große Ziele: »Mein Wunsch für die Zukunft: in den externen Berufsbildungsbereich wechseln, auf dem ersten Arbeitsmarkt arbeiten, eine Familie, ein Haus, ein dickes Auto und eine Doppelgarage.«

Maurice Keiderling gehört dem *externen Berufsbildungsbereich* an. Sein Arbeits- und Bildungsplatz ist das Porschezentrum Berlin – einen Tag in der Woche kommt er jedoch zum Berufsschultag in die BWB. Hier kann er, wo nötig, nachqualifiziert werden. Der Umgang mit Spezialwerkzeug wird ebenso trainiert wie die Schnelligkeit beim Erfüllen von Arbeitsaufträgen. Einen wichtigen Platz an diesem *Berufsschultag* nehmen Schulungen im Bereich »Soziale Kompetenzen« und »Arbeitstugenden« ein.

»Davon können sich unsere Azubis eine Scheibe abschneiden«, kommentiert Stephan Altrichter, Geschäftsführer der Porschezentren. Auch der Anleiter im Porschezentrum ist sehr zufrieden mit der Arbeit von Herrn Keiderling. Und so könnte der Traum, »eine Festanstellung bei Porsche zu haben«, Realität werden.

Steven-Patrick von Frankenberg und Proschlitz ist langjähriger Mitarbeiter der BWB. Nach Abschluss des *internen Berufsbildungsbereichs* arbeitete er zunächst im Bereich Verpackung/Montage. Wenn er an die Zeit zurückdenkt, muss er schmunzeln: »Heute habe ich viel mehr Spaß bei der Arbeit als früher – ich will schon gar nicht mehr zur Pause gehen.« Er ist ein Tüftler der ersten Stunde: im Rahmen eines Vorläufer-Projektes half er 2007 bei der Restauration des allerersten Porsche Diesel Treckers der BWB mit. »Ich bin ein Spezialist für das Auseinanderbauen«, beschreibt sich Herr von Frankenberg und Proschlitz. »Auch da, wo es schwierig ist, finde ich immer eine gute Lösung. Das macht mir Spaß und ich glaube, darin bin ich echt gut.« Sein größter Wunsch für die Zukunft: »Ich möchte einmal mit meinem Gruppenleiter in der Lernwerkstatt ein Motorrad auseinandernehmen.«

Eine eRnst gemeinte Kooperation: Tipps für Nachahmer

Die Entwicklung der ineinandergreifenden Teilbereiche basiert auf dem Konzept der beruflichen Bildung und der industrienahen Ausrichtung der BWB.

1. Berufliche Bildung in der BWB orientiert sich am allgemeinen Arbeitsmarkt und bietet Übergänge an.

Intern, d.h. innerhalb der Werkstatt findet die Qualifizierung tätigkeitsorientiert in einem separaten Berufsbildungsbereich statt. Der Bildungsplan enthält fachpraktische Elemente und lebenspraktische Unterrichtseinheiten, die um die Elemente »selbstständige Lebensführung, Wohnen und Freizeit« ergänzt werden.

Integriert findet die berufliche Bildung berufsfeldorientiert in der Lernwerkstatt der BWB statt und wird durch Praktika auf dem allgemeinen Arbeitsmarkt ergänzt. (Aus-)gebildet wird nach dem gemeinsam entwickelten Rahmenplan. Die Mitarbeiter erhalten fachpraktische und theoretische Qualifizierung im realitätsnahen Umfeld. Der Bildungsplan ist auf die Überleitung in einen externen Arbeitsplatz ausgerichtet. Die Qualifizierungsbausteine werden durch Schulungen der Arbeitstugenden, Trainings sozialer Kompetenzen sowie Bewerbungstrainings ergänzt. Bereits in diesem Stadium wird das BWB-eigene Integrationsmanagement einbezogen. Der Jobcoach ist an den Reha- bzw. Personalgesprächen beteiligt.

Extern erhalten Werkstattbeschäftigte ihre berufliche Bildung direkt im allgemeinen Arbeitsmarkt und unter Anleitung der dort Beschäftigten. Von den Fachkräften des Integrationsmanagements unterstützt und begleitet, basiert der Bildungsplan auf dem Austausch zwischen Jobcoach und dem fachlichen Anleiter vor Ort. Die Qualifizierungsbausteine sind darauf ausgerichtet, ein sozialversicherungspflichtiges Arbeitsverhältnis eingehen zu können. Die fachpraktische und fachtheoretische Vermittlung wird am wöchentlich stattfindenden Berufsschultag in der Lernwerkstatt vertieft.

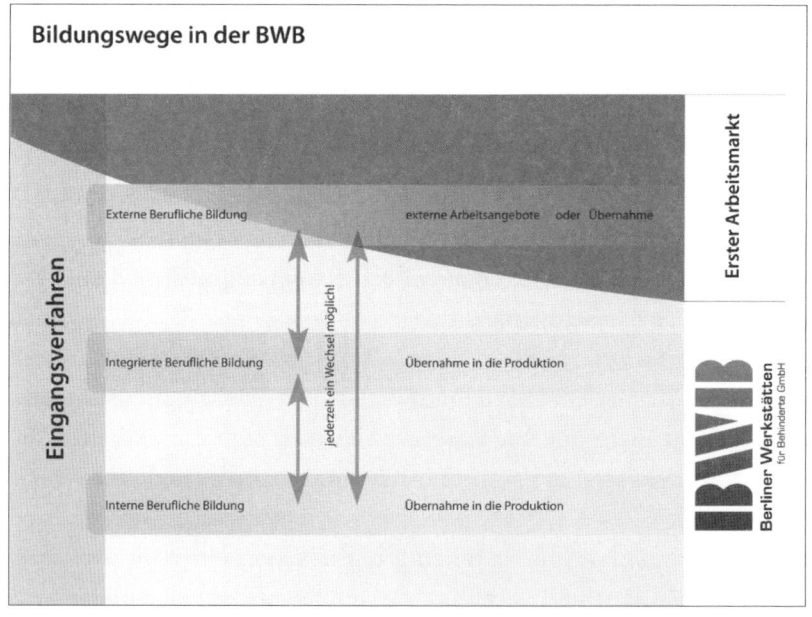

2. Ein etabliertes und systematisiertes Bildungsangebot (Innovatives Bildungssystem IBS) erlaubt bedarfsorientierte Schulungen.

Das Innovative Bildungssystem (IBS) ist für die BWB ein wichtiges Instrument der Personalentwicklung. Während des Reha- bzw. Personalgesprächs, das Mitarbeiter, Gruppenleiter und Sozialarbeiter regelmäßig miteinander führen, werden die (Bildungs-)Ziele für das kommende Jahr festgelegt. Pädagoginnen leiten den individuellen Bildungsbedarf aus den Zielvereinbarungen ab und stellen anhand der notwendigen fachlichen, kognitiven oder sozialen Lerninhalte das Kursprogramm semesterweise zusammen. Jeder Mitarbeiter soll mindestens einen dieser Kurse pro Woche besuchen, um seine (Bildungs-)Ziele zu erreichen. Jeder Stammmitarbeiter der BWB übernimmt jeweils die Durchführung eines Kurses von einer Stunde pro Woche, sodass die Berliner Werkstätten mittlerweile ca. 220 Kurse pro Semester anbieten können. Das Ergebnis der Kursteilnahme wird schriftlich festgehalten und fließt in einer Rückkopplungsschleife in die weitere Bildungsplanung mit ein. Durch dieses etablierte Bildungssystem wurde außerdem die Kompetenz des Stammpersonals der BWB, in Projekten oder an Zielvorgaben ausgerichtet, entwickelt und gestärkt.

3. Das Integrationsmanagement der BWB sichert die Ausrichtung am allgemeinen Arbeitsmarkt.

Durch die Einführung des Integrationsmanagements hat sich in der BWB viel verändert, weiß der zuständige Bereichsleiter Guido Handschug. Von der alten »Nische Werkstatt« ist nicht mehr viel geblieben. Integration läuft zielgerichtet und systematisch. Sobald sich ein Mitarbeiter ernsthaft auf dem allgemeinen Arbeitsmarkt ausprobieren will, kommt das Team des Integrationsmanagements zum Einsatz. In einem BWB-eigenen Assessment werden die Interessen und Fähigkeiten der Mitarbeiter festgestellt und Vorbereitungskurse wie Bewerbungstrainings durchgeführt. Erst nachdem Mitarbeiter und Betrieb optimal vorbereitet wurden, wird ein Praktikum vereinbart. Nach maximal drei Monaten wird für zwölf Monate ein ausgelagerter Werkstattarbeitsplatz eingerichtet.

Während der gesamten Zeit wird der Mitarbeiter vom Team des Integrationsmanagements begleitet und qualifiziert. Der Jobcoach ist mindestens einmal wöchentlich vor Ort, um mit den Verantwortlichen der Firma und dem Mitarbeiter regelmäßige Gespräche zu führen, um den Übergang in den allgemeinen Arbeitsmarkt zu begleiten.

4. Vorhandene Kompetenzen und Ressourcen zu nutzen schafft Innovation.

Die aufgeführten »Selbstverständlichkeiten« der BWB – der dreigliedrige Berufsbildungsbereich, das Innovative Bildungssystem und das Integrationsmanagement – bilden ein flexibles Werkstattangebot, mit dem Integration erfolgreich gestaltet werden kann. Sie bildeten die Ressourcen, aus denen heraus zusammen mit einer Idee und viel Energie etwas Neues entstehen konnte.

Ein erster Schritt bestand darin, die eigenen Ressourcen und das eigene Know-how zu (er)kennen, was gerade den sozialen Einrichtungen häufig schwer fällt.

»Mit den Porsche-Zentren haben wir ein renommiertes Wirtschaftsunternehmen als starken Partner an unserer Seite, der eine hohe Anziehungskraft ausübt. Doch auch ein Partner wie Porsche kann von uns Werkstätten lernen. Das fachliche Know-how in der systematisierten Bildung und Wissensvermittlung lässt sich auch in der freien Wirtschaft gewinnbringend einsetzen«, lautet das Fazit von Berni Jansen, der Leiterin des Begleitenden Dienstes der BWB. In der Systematisierung von Bildung und als Fachdidaktik konnten die Bildungskoordinatoren der BWB den Porschezentren als Fachkräfte beratend zur Seite stehen und eine (Aus-)Bildungskultur erarbeiten, die eine qualitativ hochwertige Personalentwicklung auch im allgemeinen Arbeitsmarkt fördert. Erst wenn beide Partner von einer solchen Kooperation profitieren, besteht die Chance, über Projektphasen hinaus eine stabile zukunftstaugliche Struktur zu schaffen.

(Aus-)Bildung oder was?

BWB und die Porschezentren Berlin und Berlin-Potsdam sehen die »eRnst«-Kooperation als einen zukunftsweisenden Schritt zur Integration von Menschen mit und ohne Behinderung durch eine gemeinsame Ausbildungskultur. Für die Zukunft wünschen sich beide Kooperationspartner eine Verzahnung der beruflichen Bildung sowohl für Werkstattmitarbeiter als auch in der dualen Ausbildung von Auszubildenden. Außerdem erhoffen sich die BWB und die Porschezentren, dass das Konzept auch anderen Industriepartnern und Werkstätten Mut macht.

Damit wäre ein Schritt in die Richtung getan, auch die Bildung in Werkstätten für Menschen mit Behinderungen zu standardisieren, um Wechsel möglich zu machen, nicht nur von einer Werkstatt in eine andere, sondern auch von einer Werkstatt in einen Betrieb des allgemeinen Arbeitsmarktes und zurück, falls dies nötig werden würde.

Dies ist keine Utopie, sondern der klare Auftrag für Werkstätten, wie er beispielsweise aus dem »Rahmenprogramm für das Eingangsverfahren und den Berufsbildungsbereich in Werkstätten für behinderte Menschen« hervorgeht: »Die Berufsbildungsmaßnahmen müssen differenziert genug sein, um aufbauende oder ergänzende Bildungsangebote auch von Berufsschulen, (…) sowie Industrie- und Handelskammern wahrnehmen zu können.« (BA-Info 10/2002 vom 11.09.2002 Abs. 4.2.5).

Auch die Werkstattempfehlungen (WE/BAGüS) beziehen sich auf diesen Absatz und betonen: »Hier wird also der Werkstatt verbindlich aufgegeben, dass die von ihr durchgeführten Bildungsmaßnahmen mit anderen Bildungsangeboten kompatibel sein müssen.« (WE/BAGüS, Ziffer 7.1.1, S.54) Außerdem wird dort empfohlen, bei der Qualifizierung »Anschlussmöglichkeiten« im Auge zu behalten. (vgl. ebd)

Wenn es als »Pflichtaufgabe der Werkstatt« bezeichnet wird, den Übergang geeigneter Personen auf den allgemeinen Arbeitsmarkt zu fördern

(§ 136 Abs. 1 Satz 3 SGB IX), sollte die Bildung in den Werkstätten auch Anschlussmöglichkeiten an die Bildungs- und Ausbildungssysteme außerhalb der Werkstatt bieten. Soziologisch betrachtet, gelingt Anschlussfähigkeit nur dann, wenn die einzelnen Einheiten systemzugehörig sind (vgl. Luhmann 1987). Werkstätten müssen sich also als Teil des allgemeinen Arbeitsmarktes und des Systems der beruflichen Aus-, Weiter- und Fortbildung in Deutschland verstehen, damit Inklusion nicht an der Werkstatttür endet.

Schnell stellt sich in vorliegendem Kontext die Frage: Ist das Angebot der Werkstatt »systemzugehörig« oder müsste dieser Schritt nicht erst noch geschehen? Konkret müssen Auseinandersetzungen über eine Eingliederung in das berufliche Bildungswesen in Deutschland und eine Anrechnung auf eine spätere Tätigkeit folgen. Einige wichtige Schritte in diese Richtung wären, Grundqualifizierungen, die Mitarbeiter in Werkstätten für behinderte Menschen (WfbM) erworben haben,

– landes- oder bundesweit zu entwickeln und zu standardisieren sowie
– diese auch in Tätigkeiten, Berufen und Ausbildungen außerhalb der WfbM anzuerkennen.

Werkstätten wie die BWB meinen es ernst mit Inklusion, mit dem Zugang aller Menschen zur Gesellschaft und zur Teilhabe unter Berücksichtigung ihrer individuellen Möglichkeiten. Es wird sich zeigen, ob auch die Gesellschaft es mit Inklusion ernst meint und sich Konzepten wie einer gemeinsamen Ausbildungskultur öffnet.

Literatur:

Gesellschaft Erwachsenenbildung und Behinderung e.V. (Hg.): Lexikon: Wissenswertes zur Erwachsenenbildung unter besonderer Berücksichtigung von geistiger Behinderung. Neuwied, Kriftel, Berlin: Hermann Luchterhand Verlag GmbH, 1998.

Bundesarbeitsgemeinschaft der überörtlichen Träger der Sozialhilfe (BAGüS) (Hg.): Werkstattempfehlungen: WE / BAGüS. Münster, 2010.

Luhmann, Niklas: Soziale Systeme. Grundriss einer allgemeinen Theorie. Frankfurt am Main, Suhrkamp, 1987.

Arnd Zickgraf: Braucht Deutschland eine Pädagogik der Inklusion? http://
www.bildungsserver.de/innovationsportal/bildungplus.html?artid=458;
vom 26.09.2005; Stand: 21.05.2010

Carmen Dorrance; Antje Ginnold; Dieter Katzenbach; Frank J. Müller;
Irmtraud Schnell; Juliane Siegert; Anne-Dore Stein: Internationale
Perspektiven auf Inklusion. In: Zeitschrift für Inklusion-online.net;
http://www.inklusion-online.net/index.php/inklusion/issue/view/10;
vom 27.04.2010; Stand: 22.05.2010

GEW: http://www.gew.de (Gewerkschaft Erziehung und Wissenschaft)
GEW-Hauptvorstand Reifenberger Straße 21;D-60489 Frankfurt

BAG:WfbM: »Keine Werkstatt ist das Beste?«; http://www.bagwfbm.de/
article/1259; vom 12.04.2010; Stand 22.05.2010

BAG:WfbM: »Ausbildung für Werkstattbeschäftigte«; http://www.bagwf-
bm.de/article/1234; vom 26.02.2010; Stand 22.05.2010

Kurz gefasst

Projektname: *eRnst (eigene Ressourcen nutzen und steuern)*

Projektidee: *Anschlussfähige berufliche Bildung: der dreigliedrige Berufsbildungsbereich*

Zielgruppe: *Alle Teilnehmer/innen einer Bildungsmaßnahme innerhalb einer WfbM mit der Vision einer Verbundausbildung*

Träger: *Berliner Werkstätten für Behinderte GmbH/Porschezentrum Berlin und Berlin-Potsdam*

Zahl der Teilnehmer/innen: *bisher 71, ständig steigend*

Kontaktperson: *Berni Jansen, Leitung der Begleitenden Dienste*

Kontaktdaten: *Berliner Werkstätten für Behinderte GmbH | Westhafenstraße 4 | 13353 Berlin | Tel. 030/390 96-438 | E-Mail: jansen@bwb-gmbh.de; www.bwb-gmbh.de |*

Autorinnen des Beitrags: *Dr. Gabriele Rössler (Geschäftsführerin BWB-GmbH) und Johanna Heilemann (Begleitende Dienste)*
Fotos: Dominic Merten, Axel Nordmeier

Berufliches Training auf dem allgemeinen Arbeitsmarkt

Jobvision der Elbe-Werkstätten, Hamburg

Die Bundesarbeitsgemeinschaft der Werkstätten für behinderte Menschen (BAG:WfbM) zeichnete im Jahr 2009 die Integrationsmaßnahme Jobvision der Elbe-Werkstätten GmbH Hamburg mit dem Preis »exzellent:bildung« aus. Ziel des Angebotes ist die berufliche Wiedereingliederung von psychisch erkrankten Menschen in den allgemeinen Arbeitsmarkt. Individuelle Maßnahmen wie qualifizierte Trainings, begleitete Praktika und Einzelcoachings unterstützen die Teilnehmerinnen und Teilnehmer dabei, ihre persönlichen Fähigkeiten zu entwickeln und ihre selbst gesetzten Ziele zu erreichen. Jobvision ist dabei gezielt auf die Bedingungen des allgemeinen Arbeitsmarktes ausgerichtet, um ein möglichst hohes Maß an Integration zu ermöglichen.

Der Rahmen

Das Angebot Jobvision orientiert sich am zeitlichen Rahmen des Berufsbildungsbereichs einer Werkstatt für behinderte Menschen und umfasst so 27 Monate (dreimonatiges Eingangsverfahren, 1. und 2. Jahr Berufsbildungsbereich). Der Teilnehmer kann Rehabiland im Berufsbildungsbereich oder Beschäftigter im Arbeitsbereich sein. Kostenträger ist damit entweder die Agentur für Arbeit bzw. der Rentenversicherungsträger oder die Sozialbehörde. Jobvision ist kein speziell zu beantragendes Angebot, sondern findet im organisatorischen Rahmen einer Werkstatt statt. Dies macht das Konzept flexibel. Der Interessent beginnt erst dann mit dem Training bzw. Praktikum auf dem allgemeinen Arbeitsmarkt, wenn er die ernsthafte Entscheidung getroffen hat, sich auf den oftmals anstrengenden und steinigen Weg zu begeben.

Die Zielgruppe

In unserer täglichen Arbeit wurden wir immer wieder mit dem Wunsch und dem Anliegen einzelner Werkstattmitarbeiter konfrontiert, den Schritt auf den allgemeinen Arbeitsmarkt, zum Beispiel über Praktika, zu wagen. Es zeigte sich jedoch, dass der Schritt für viele Mitarbeiter ohne gezieltes, stufenweises Vorgehen im Rahmen einer Maßnahme zu groß und die Gefahr des Scheiterns sehr hoch war.

Neben diesem Personenkreis kommt noch eine andere Zielgruppe in Betracht. In unseren Beratungen treffen wir immer wieder auf Menschen mit psychischen Behinderungen, die schon mehrere Versuche der Eingliederung auf dem allgemeinen Arbeitsmarkt unternommen haben, für die die üblichen Maßnahmen zur Teilhabe am Arbeitsleben aber zu hochschwellig oder zu kurzfristig angelegt waren.

Teilweise binden die Kostenträger den letztgenannten Personenkreis auch direkt bei uns an.

Die Ziele der Maßnahme

– Langfristige Integration auf einen adäquaten, den Kompetenzen und dem Leistungsvermögen der Teilnehmer entsprechenden Arbeitsplatz. Dies geschieht im Rahmen eines sozialversicherungspflichtigen Arbeitsverhältnisses oder als ausgelagerter Einzelarbeitsplatz auf dem allgemeinen Arbeitsmarkt. Sollte dies nicht erreichbar sein, könnte ein Wechsel in eine ausgelagerte Arbeitsgruppe oder in den internen Berufsbildungs- bzw. Produktionsbereich als Ziel angesteuert werden.

– Die Erarbeitung einer realistischen Selbsteinschätzung, was auch die Akzeptanz der eigenen Leistungsfähigkeit und Belastbarkeitsgrenze einschließt.

– Die langfristige Stabilisierung der psychischen Gesundheit, sichtbar in geringeren oder kürzeren Erkrankungsphasen.

– Steigerung der persönlichen Zufriedenheit der Teilnehmer durch Entsprechung von individueller Leistungsfähigkeit und Anforderungsprofil.

In der Regel lautet das Ziel der Teilnehmerinnen und Teilnehmer anfänglich: Ein Arbeitsplatz auf dem allgemeinen Arbeitsmarkt. Jobvision differenziert diese globale Zielsetzung über Fragestellungen, die jeder Einzelne für sich klären muss:

– In welchem Bereich möchte ich arbeiten?
– Wie viele Stunden täglich möchte bzw. kann ich arbeiten?
– Welche konkreten Tätigkeiten möchte bzw. kann ich ausüben?

– Welche finanziellen Erwartungen habe ich an die Tätigkeit?
– Und die entscheidende Frage: Was bringe ich mit, um mein Ziel zu erreichen?
– Welche Erfahrungen, welches Fachwissen kann ich einbringen?

Oftmals muss auf dem Weg eine Realitätsüberprüfung bzw. -anpassung stattfinden, da Wünsche und Ansprüche mit den zur Verfügung stehenden Fähigkeiten und Kompetenzen nicht übereinstimmen. Teilweise geschieht dies durch die Teilnehmer selbst, teilweise muss es aber auch durch die betreuenden Sozialpädagogen initiiert werden.

Voraussetzungen und Anforderungen

Aufgrund der angestrebten Ziele müssen die Teilnehmer an der Maßnahme Jobvision in den Bereichen Sozial- und Selbstkompetenz, Krankheitseinsicht, Umgang mit Medikamenten, Grundarbeitsfähigkeiten und berufliche Vorerfahrung bzw. Ausbildung »mehr mitbringen« als durchschnittliche Werkstattmitarbeiter. Je besser bzw. ausgeprägter die einzelnen Bereiche sind, umso größer sind die Erfolgsaussichten auf dem allgemeinen Arbeitsmarkt. In der Regel ist eine Berufsausbildung oder ein Studium hilfreich bis notwendig, um einen anspruchsvollen und mit entsprechendem Prestige verbundenen Arbeitsplatz auf dem allgemeinen Arbeitsmarkt zu bekommen. Für den von uns zu betreuenden Personenkreis mit eher chronischen Krankheitsverläufen hat sich aber gezeigt, dass fundierte über einen längeren Zeitraum erworbene Berufserfahrungen hinsichtlich einer erfolgreichen Integration auf dem allgemeinen Arbeitsmarkt von weitaus größerer Bedeutung sind. Die erworbenen Kenntnisse aus Berufsausbildung und Studium liegen meistens schon länger zurück und sind teilweise nicht mehr aktuell und für einzelne Teilnehmer auch nicht mehr in vollem Umfang verfügbar.

Zentrale Anforderungen an die Teilnehmer sind Motivation, Eigenaktivität und Initiative, sicherlich mit dem nötigen Maß an Unterstützung und Begleitung durch uns. Eine passive Konsumhaltung und die Erwartung »Die betreuende Sozialpädagogin macht alles« führen nicht zum Erfolg.

Ablauf, Inhalte und Methoden

Das Angebot Jobvision ist wie erwähnt auf 27 Monate ausgelegt, analog der Zeiten im Berufsbildungsbereich. Der rote Faden der Maßnahme sind dabei die Praktika auf dem allgemeinen Arbeitsmarkt. Jobvision ist als Gruppenangebot konzipiert, in dem 6-8 Teilnehmer eine Gruppe bilden. Alle Teilnehmer sollten möglichst gleichzeitig starten. Dies bietet Schutz und Vertrauen, ermöglicht gemeinsames Lernen und Erfahrungsaustausch und, noch wichtiger, Lernen voneinander. Betreut wird die Gruppe von einer Sozialpädagogin, die für Schulungsinhalte, Praktikumsbetreuung und sonstige administrative Aufgaben zuständig ist. Eine Anbindung an einen Gruppenleiter erfolgt nicht.

Alle angewandten Methoden und Verfahren dienen der langfristigen Integration auf einen adäquaten Arbeitsplatz.

Konkret findet im ersten Monat ein Assessment mit verschiedenen Testverfahren statt. Dazu zählen u.a. hamet 2, der D2-Test und diagnostisch orientierte gruppendynamische Übungen. Hinzu kommen Schulungen wie Bewerbungstraining, Kommunikationsverhalten, Arbeitssicherheit, PC-Training. Die Teilnehmer bearbeiten individuelle Themen, etwa »Meine Stärken und Schwächen«, »Meine Ziele«. Sie diskutieren allgemeine Themen

wie »allgemeiner Arbeitsmarkt«, »nicht-psychiatrische Unterstützungsmöglichkeiten« oder absolvieren ein Telefontraining. Diese Schulungen und Trainings starten im ersten Monat und werden in der Folge an regelmäßigen Gruppentagen aufgegriffen, weitergeführt und vertieft.

Ab dem zweiten Monat finden Praktika statt. Das erste kann für maximal 6 Monate im internen BBB stattfinden, alle folgenden sollen möglichst auf dem allgemeinen Arbeitsmarkt absolviert werden. Die Praktika finden immer nur an vier Tagen in der Woche statt. Der fünfte Tag dient als Gruppentag zum Austausch über das Erlebte im Rahmen einer Gesprächsgruppe und bietet Zeit für Schulungen (ZERA, Stressbewältigung, PC-Training etc.) oder Exkursionen.

Neben den Gruppenangeboten finden je nach Bedarf auch Einzelcoachings statt. Es hat sich gezeigt, dass bei Einzelnen Ängste, Vermeidungsstrategien oder mangelndes Zutrauen in die eigenen Fähigkeiten dem Erreichen des individuellen Ziels im Wege stehen. Mit jedem einzelnen Teilnehmer wird eine individuelle Entwicklungsplanung durchgeführt.

Bei der Praktikumsakquise setzen wir stark auf Eigeninitiative und Engagement der Teilnehmerinnen und Teilnehmer. Wir erwarten, dass sich alle Teilnehmer entsprechend ihrer Fähigkeiten um einen Praktikumsplatz be-

»Mein nächstes Ziel: Der Arbeitsmarkt.«

Bis zum Jahr 2000 sah für **Sonja Schöffler** alles nach einer Akademikerlaufbahn aus: Studium in Französisch und Englisch, Auslandsaufenthalt in Paris an der Sorbonne, der Hochschulabschluss nicht mehr weit entfernt. Dann die ersten Wolken am Horizont: Eine Depression zwang sie zu einer Pause. Dennoch absolvierte sie ihre Prüfungen und beendete ihr Studium erfolgreich. »Ein schwerer Schicksalsschlag im Jahr 2004  zog mich in so schwarze Tiefen«, berichtet sie heute, »dass ich mich erst nach mehreren Jahren davon erholen sollte.« 2007 sah sie wieder eine Perspektive. Ein Platz in den Elbe-Werkstätten und im Projekt Jobvision eröffnete erneut einen Zugang zum Arbeitsleben.

»Es begann im Bürobereich«, sagt sie, »meine Anleiter erklärten mir unermüdlich die Tücken des PCs, aber ich war vergesslich und unsicher. Für meine Reha sah es nicht gut aus, ich war instabil und hatte hohe Fehlzeiten.« Ein weiterer Krankenhausaufenthalt entlarvte eine Fehlbehandlung. Danach ging es steil bergauf. Der erste Schritt der Jobvision führte in den Verwaltungsbereich der 53° Nord Verlag und Veranstaltungsagentur. Ihre Aufgaben: Internetrecherche, Teilnehmermappen zusammenstellen, Organisationshilfe bei Tagungen und Kongressen, Arbeiten im Medienversand. Hauptsächlich PC-Arbeit und Sachbearbeitung. Dazu die wöchentlichen Jobvision-Sitzungen und die Planung der weiteren Schritte. Im April 2010 begann ein Praktikum auf dem Arbeitsmarkt. Sonja Schöffler: »Inzwischen ist es nicht mehr utopisch, eines Tages von meiner Arbeit zu leben. Am liebsten wäre ich journalistisch tätig. Ich werde mein Bestes geben, damit es auch für mein berufliches Leben ein Happy End gibt.«

mühen. Dies kann schriftlich oder mündlich erfolgen. Wir leisten Unterstützung bei der Erstellung eines Lebenslaufs und bei einem Anschreiben oder durch das Telefontraining. Einige Firmen haben wir auch »in der Hinterhand«, bei denen ein Praktikum im Sinne einer Belastungserprobung erfolgen kann, eine langfristige Übernahme aber nicht möglich ist.

Hat der Teilnehmer einen Praktikumsplatz gefunden bzw. ist von uns vermittelt worden, wird zwischen dem Praktikumsbetrieb, dem Teilnehmer und den Elbe-Werkstätten ein Vertrag geschlossen. In ihm sind alle Rechte und Pflichten, Ansprechpartner, Arbeitszeiten etc. beschrieben. Während des Praktikums finden in gewissen Abständen Arbeitgebergespräche statt. Unsere Botschaft an die Arbeitgeber ist: Sollte es irgendwelche Schwierigkeiten oder Probleme geben, sind wir jederzeit erreichbar und bereit zur Lösungssuche.

Aktueller Stand und Ergebnisse

Bisher haben 59 Teilnehmer das Angebot Jobvision wahrgenommen, von denen 49 Teilnehmer die Maßnahme beendet haben. Bei der Geschlechterverteilung zeigt sich ein Verhältnis von 1 / 3 Frauen zu 2 / 3 Männer. Die meisten Teilnehmer sind zwischen 25 und 45 Jahre alt (ca. 80 %). Bei den Diagnosen überwiegen die Psychosen mit ca. 50 %, Persönlichkeitsstörungen machen ungefähr 30 % aus, der Rest von ca. 20 % hat eine depressive Symptomatik. Das Bildungsniveau der Teilnehmer ist relativ hoch, so haben über 50 % Abitur, die Fachhochschulreife oder ein abgebrochenes Studium als Bildungshintergrund. Von allen bisherigen Teilnehmern hatten nur etwa 20 % keine oder nur eine abgebrochene Berufsausbildung. Dieses hohe Ausbildungsniveau spiegelt sich natürlich in den von den Teilnehmern anfänglich formulierten Zielen wider, im Sinne von qualifizierten, anspruchsvollen Tätigkeiten.

Als Ergebnis von bisher sechs abgeschlossenen Gruppen lässt sich festhalten, dass von den Teilnehmern ca. 38 % auf dem allgemeinen Arbeitsmarkt (sozialversicherungspflichtiges Arbeitsverhältnis, Einzelaußenarbeitsplatz, Außenarbeitsgruppe) ihren für sie adäquaten Arbeitsplatz fanden. Ungefähr die gleiche Anzahl (39 %) fand in der Werkstatt den für sie im Sinne von Leistungsanforderung und Schutzniveau gewünschten Arbeitsplatz. Hier spielen auch Gründe wie fehlende soziale Kompetenzen und Festhalten an für den allgemeinen Arbeitsmarkt ungünstigen Verhaltensweisen (z.B. zwanghaft ordentlich, oder auch ausgesprochen langsames Arbeitstempo) eine Rolle. 17 % der Teilnehmer beendeten die Maßnahme Jobvision vorzeitig. Gründe sind hier Umzug, Abbruch durch Teilnehmer, aber auch einmal seitens des Kostenträgers wegen fehlender Compliance des Rehabilitanden.

Warum Jobvision gerade im Rahmen einer Werkstatt für behinderte Menschen?

Wir haben die Erfahrung gemacht, dass durch die vielschichtigen Arbeitsbereiche (interne Arbeitsplätze, ausgelagerte Arbeitsgruppen, ausgelagerte Einzelarbeitsplätze) die Elbe-Werkstätten jedem Einzelnen ein sehr großes Entwicklungsfeld bieten können und somit auch die Möglichkeit hat, flexibler mit Krisen und Leistungsschwankungen umzugehen. Darüber hinaus kann bei Nichterreichen des Zieles allgemeiner Arbeitsmarkt jedem Teilnehmer eine langfristige Integration unter beschützten Bedingungen angeboten werden, sodass niemand in ein Loch fällt bzw. vor dem Nichts steht. Dieses Konzept bietet dem Einzelnen ein sehr differenziertes und individuell zugeschnittenes Maß an beruflicher Integration an.

Buchtipp: Das gesamte Konzept mit Anleitungen und Dokumentenvorlagen haben wir im Handbuch »Jobvision – So will ich arbeiten!« zusammengetragen. Zu bestellen über 53° Nord Agentur und Verlag GmbH, Behringstraße 16a, 22765 Hamburg, www.53grad-nord.com

Kurz gefasst

Projektname: *Jobvision*

Projektidee: *Vorbereitung und Qualifizierung für eine Tätigkeit außerhalb der WfbM*

Zielgruppe: *Menschen mit psychischer Behinderung im Berufsbildungs- und Arbeitsbereich der WfbM*

Träger: *Elbe-Werkstätten GmbH, Hamburg*

Zahl der Beschäftigten/Teilnehmer/innen: *Bisher 59 TN, davon haben 49 die Maßnahme abgeschlossen*

Autor des Beitrags und Kontaktperson: *Guido Krause, Sozialpädagoge*

Kontaktdaten: *Elbe-Werkstätten GmbH, Betrieb Elbe 4.1 | Behringstraße 16a | 22765 Hamburg |*
Tel. 414 37 59-73 |
E-Mail: gkrause@ew-gmbh.de | www.jobvision-hamburg.de |

»Ein Gewinn – vor allem für die Senioren«

Die Qualifizierungsmaßnahme »Alltagshelfer in der Seniorenhilfe« der Lebenshilfe Braunschweig

Kann das gehen? Geht das gut? Diese Fragen waren für uns der Motor für ein ungewöhnliches Vorhaben: Werkstattbeschäftigte sollten in Seniorenheimen ... arbeiten – und zwar nicht nur in der Wäschepflege, Hausreinigung oder als Unterstützung des Hausmeisters. Sondern auch als Helfer bei personenbezogenen Dienstleistungen wie der Hilfestellung beim Essen, beim Spazierengehen, beim Toilettengang oder mit Spielangeboten, allerdings nicht bei der Pflege. Heute kennen wir die Antwort: Ja, es geht! Fragen, aber auch viel Optimismus, ließen ein bedürfnisnahes und erfolgreiches Projekt entstehen: Die Qualifizierungsmaßnahme »Alltagshelfer in der Seniorenhilfe«.

Die Lebenshilfe Braunschweig engagierte sich schon früh in der arbeitsmarktnahen Qualifizierung von Werkstattbeschäftigten und sammelte schon vor mehr als zehn Jahren erste Erfahrungen mit Praktika und Außenarbeitsplätzen. Sie beteiligte sich an einer aus Mitteln des Europäischen Sozialfonds finanzierten Maßnahme mit dem Ziel, in niedersächsischen Werkstätten Qualifizierungs- und Vermittlungsdienste aufzubauen.

Mit Erfolg: Die Dienste brachten Werkstattbeschäftigte passgenau in Betrieben unter, vorzugsweise im Dienstleistungsbereich. Unter anderem vermittelte der Braunschweiger Dienst eine Werkstattbeschäftigte, die zuvor lange in der Großküche tätig war, in eine Senioreneinrichtung. Dieser Erfolg und eine Reihe von Orientierungspraktika in Altenpflegeeinrichtungen führten zur Idee des Projekts »Alltagshelfer«. Ein weiteres Motiv war die »konstruktive Unzufriedenheit« mit den fehlenden Möglichkeiten, ohne geeignetes Praxisfeld Entwicklungschancen für Werkstattbeschäftigte zu kreieren.

Qualifizierung konkret

Kooperationspartner der Lebenshilfe bei der Projekt-Realisierung sind Senioreneinrichtungen in und um Braunschweig sowie ein Mehrgenerationenhaus. Das Konzept des Mehrgenerationenhauses berücksichtigt den wachsenden Anteil alter Menschen in der Bevölkerung. Die steigenden Anforderungen in Pflege und Betreuung erfordern neue Wege der Personal- und Einsatzplanung in der Altenhilfe und immer mehr Seniorenheime wenden sich dem Konzept der sogenannten »vierten Generation des Altenpflegeheims« zu: Dem Wohnen in Hausgemeinschaften.

Das Qualifizierungskonzept »Alltagshelfer in der Seniorenhilfe« startete 2008. Sein erklärtes Ziel: Behinderte Menschen sollen die Chance erhalten, ihre persönlichen und beruflichen Fähigkeiten weiterzuentwickeln. Von Beginn an wurden die Teilnehmer in Arbeitsabläufe von Trägern der Altenhilfe integriert und unterstützen deren Mitarbeiter bei Tätigkeiten wie dem gemeinsamen Kochen, Einkaufen oder dem Säubern der Wohnung.

Zu den Elementen der einjährigen Qualifizierungsmaßnahme zählen die praktische Qualifikation, möglichst in zwei Einrichtungen der Altenhilfe, die Begleitung durch den Fachdienst Betriebliche Integration der Lebenshilfe sowie dreißig mehrtägige Qualifizierungsblöcke. Eigene und externe Referent/inn/en, etwa die Lehrkraft einer Altenpflegeschule oder eine Hauswirtschaftsmeisterin, vermitteln dabei eine Fülle von Themen:

– Grundkenntnisse der Altenpflegehilfe
– Hauswirtschaftliche Grundkenntnisse (Raumpflege, Textilpflege, Ernährungslehre in der Seniorenverpflegung)
– personen- und situationsbezogene Hilfen im Alltag
– Personal- und Betriebshygiene
– Persönliches Erscheinungsbild
– Arbeitsorganisation, Dokumentation
– Umweltschutz
– Arbeits-, Unfall- und Brandschutz
– Erste Hilfe
– Umgang mit Maschinen und Geräten

- Stressbewältigung
- Krankheitsbilder
- Verhalten in Notsituationen
- Umgang mit Demenz
- Umgang mit Krankheit, Tod und Trauer
- Umgang mit Not- und Hilfesituationen
- Hebe- und Tragetechniken
- Interaktionsübungen / Kommunikationstraining / Kundenorientierung
- Arbeitsrechtliche Grundlagen.

Auswahl der Teilnehmer

Entstanden ist ein innovatives und erfolgreiches Konzept für zehn Teilnehmer aus dem Berufsbildungs- und Arbeitsbereich der Werkstatt. Die Auswahl erfolgte durch ein einfaches Bewerbungsverfahren. Zunächst wurde das Projekt auf Infoveranstaltungen in den Werkstätten vorgestellt. Erfreulicherweise waren auch  Heimleitungen von Kooperationspartnern bereit, den interessierten Werkstattbeschäftigten Rede und Antwort zu stehen. Es bestand zudem die Möglichkeit, Seniorenheime zu besuchen.

Das Ergebnis interner Qualitätsprüfungen machte allerdings Änderungen in den werkstattinternen Informationsprozessen erforderlich: Eine durchgängige einheitliche Information und Sichtweise erwies sich als notwendig, um Verunsicherungen bei den Teilnehmern zu vermeiden.

Voraussetzung für die Teilnahme an der Maßnahme waren folgende Fähigkeiten: angemessenes Sozialverhalten, Pünktlichkeit und Zuverlässigkeit, körperliche Belastbarkeit, Einhaltung von Hygieneregeln, zeitliches und räumliches Orientierungsvermögen sowie die Fähigkeit, die öffentlichen Verkehrsmittel zu benutzen.

Nach vielen Gesprächen unter Beteiligung von Fachkräften aus den Werkstätten wurden unter den etwa zwanzig Bewerbern zehn psychisch und lernbehinderte Teilnehmer ausgewählt.

Akquisition der Betriebe

Die Akquisition von Praktikumsplätzen verlief relativ problemlos. Als ausgesprochen effektiv erwiesen sich private und dienstliche Verbindungen zur örtlichen Seniorenhilfe. Hilfreich war zum Beispiel, dass der Sohn einer engagierten Heimleiterin in der Lebenshilfe Braunschweig betreut und gefördert wird. Aber auch der Griff zum Hörer, verbunden mit einem »Lächeln am Telefon«, führte zu Anbahnungsgesprächen und ermöglichte sogar einen Außenarbeitsplatz.

Finanzierung

Die Qualifizierungsmaßnahme ist intern durch ein in der Jahresplanung berücksichtigtes Budget abgesichert und wird durch ein Controlling gesteuert. Refinanziert wird sie über die Vergütungen der Leistungsträger durch die Arbeitsagentur oder den überörtlichen Sozialhilfeträger. Der Werkstattlohn wird für die Dauer der Qualifizierungsmaßnahme weitergezahlt. Der Fachausschuss wurde über die Maßnahme informiert.

Mittlerweile betrachtet auch der Gesetzgeber Außenarbeitsplätze als Maßnahme, die eine optimale Eingliederung in das Arbeitsleben und die derzeit höchst erreichbare Normalität für bestimmte Werkstattbeschäftigte darstellen kann.

Ökonomisch ist die Qualifizierung zum »Alltagshelfer in der Seniorenhilfe« im Rahmen der BBB-Leistungsvergütungen eine effiziente Investition. Die Einmündung in dauerhafte bezahlte Außenarbeitsplätze ist hier nur ein Erfolgsindikator.

»Ich wollt's noch einmal wissen.«

Mittagszeit im DRK-Seniorenheim in Braun-schweig. In einer der Wohngruppen bereiten **Veronica Schulze** und Altenpflegerin Claudia Plagge gemeinsam einen Kaiserschmarren für die Bewohner zu. Veronica Schulze ist 57 Jahre alt und hat fast ihr ganzes Berufsleben lang in einer Werkstatt für behinderte Menschen gear-beitet. »Ich war in der Reinigungsgruppe«, sagt sie, »aber ich wollte etwas anderes machen. Dann bot sich mir die Chance zu einem Prakti-kum im Altersheim und ich hab die Ausbildung zur Alltagshelferin in der Seniorenhilfe durchlaufen. Jetzt bin ich schon zwei Jahre lang hier in dieser Wohngruppe.« Sie hilft bei der Reinigung der Zimmer, übernimmt die Pflanzenpflege, legt die Wäsche zusammen, erzählt den alten Leuten etwas oder liest vor. »Am liebsten«, so verrät sie, »backe ich. Da bin ich wirklich gut und das mache ich zusammen mit den Bewohnern. Ich fühle mich hier sehr wohl, bin in der Ge-meinschaft aufgehoben und kann das tun, was ich besonders gut kann. Alltaghelferin ist mein Traumberuf.«

Elin Schriever, die Heimleiterin, hat selber ein behindertes Kind. »Das war für mich das Hauptmotiv, die Kooperation mit der Lebens-hilfe einzugehen«, verrät sie. »Frau Schulze ist nicht die einzige All-tagshelferin, die wir beschäftigen. Wir haben festgestellt, dass geistig behinderte Menschen bei uns genau am richtigen Platz sind. Sie ge-ben Liebe und Sympathie, bauen zu den Bewohnern eine besondere Beziehung auf, sind empathisch, vermitteln Freude und Offenheit. Alles das eben, was alte Menschen besonders benötigen.«

Veronica Schulze: »Wenn ich mal krank war, werde ich von den Bewohnern umarmt und alle sagen mir: ›Schön, dass du wieder da bist.‹ Das ist ein tolles Gefühl für mich.«

Organisationsstruktur

Die Lebenshilfe Braunschweig bietet als Komplexleistungserbringer Dienstleistungen für behinderte Menschen aller Altersgruppen an. Ihre fünf Werkstätten ermöglichen Menschen mit Behinderungen die Teilhabe am Arbeitsleben. Sie bieten berufliche Bildung, Beschäftigung – auch auf ausgelagerten Arbeitsplätzen – sowie Fördergruppen. Die Fachkräfte für Arbeits- und Berufsförderung des Fachdienstes Betriebliche Integration unterstützen die Vermittlung auf den allgemeinen Arbeitsmarkt aktiv. Bei den Qualifizierungsmaßnahmen des Fachdienstes ergeben sich Synergiemöglichkeiten mit den Arbeitsfeldern in eigenen Einrichtungen. Dazu zählen Hausreinigungarbeiten in Wohnstätten, Helfertätigkeiten im Kindergarten, Alltagshelfer in der eigenen Seniorentagesstätte oder auch Tätigkeiten als Bürohelfer in der Verwaltung.

Im Rahmen der Organisationsentwicklung wurde der Bereich »Werkstätten« in den Bereich »Arbeit« umbenannt. Dies trägt dem Gedanken Rechnung, dass Teilhabe am Arbeitsleben nicht nur in den umfänglichen Angeboten der Werkstätten stattfindet, sondern z.B. auch in unterschiedlichen Formen auf dem allgemeinen Arbeitsmarkt.

Der Fachdienst Betriebliche Integration ist im Organigramm als eigenständige, budgetierte Abteilung mit derzeit fünf Fachkräften ausgewiesen – analog zu den Werkstattstandorten. Mit der »Betriebsorientierten Berufsbildung« ist der Fachdienst auch im Angebot des Berufsbildungsbereich angesiedelt und wird als Dienstleister für geeignete Teilnehmer genutzt, um frühzeitig Übergänge auf den allgemeinen Arbeitsmarkt anzubahnen.

Professionelles Personal und Autonomie in der Organisation

Für das Gelingen dieser Maßnahmen ist zweierlei förderlich: Die Mitarbeiter im Fachdienst kommen aus unterschiedlichen Professionen und haben oft mehrere Ausbildungen absolviert. Dazu zählen Abschlüsse als Heilerziehungspfleger, Ergotherapeut, Tischlermeister, Hotelkauffrau, Elektroinstallateur, Dipl. Sozialarbeiter/-pädagoge, Master Sozial-Management. Standardqualifikation sind die sonderpädagogische Zusatzausbildung sowie

Zusatzqualifikationen im Bereich Unterstützter Beschäftigung und Akquise. Fast alle Mitarbeiter waren zuvor in der Werkstatt tätig: Im Gruppendienst, im Sozialdienst oder als Abteilungsleitung. Die Fachkräfte arbeiten mit einem hohen Maß an Selbstorganisation. Teambesprechungen sowie technische Hilfsmittel (Diensthandy, EDV-Account, Abteilungsdienstwagen, gemeinsames Büro) sichern die Kommunikation und Arbeitsorganisation. Für die Qualifizierungsmaßnahmen stehen geeignete Räumlichkeiten in den Werkstätten sowie Beamer, Laptop etc. zur Verfügung.

Kooperation mit den Betrieben

Das Bemerkenswerte an der Arbeit von behinderten Menschen in der Seniorenhilfe ist für alle Beteiligten der direkte, freundliche, natürliche und beständige Umgang mit den Senioren, auch mit demenzerkrankten Bewohnern. »Unsere Praktikanten waren sehr motiviert, ehrgeizig, pünktlich, kritikfähig und immer guter Laune. Ein Gewinn – vor allem für die Senioren, die zum Teil unter schwerer Demenz leiden«, resümiert Elin Schriever, Leiterin eines DRK-Seniorenheimes. Gemeinsam mit Ingrid Konefka-Franz von der Stiftung Thomaehof nennt sie aber auch Bedingungen: »Wir haben für entsprechend lange Einarbeitungszeiten, Bezugspersonen in jedem Team sowie klare Strukturen in den Arbeitsabläufen gesorgt.«

Eine zentrale Rolle spielt neben den Paten, den Ansprechpartnern für den einzelnen Teilnehmer vor Ort – die Assistenz durch die Fachkraft für Arbeits- und Berufsförderung am Arbeitsplatz. Insbesondere in kritischen oder krisenhaften Situationen der Teilnehmer ist hier eine unmittelbare und fachlich gute Intervention sichergestellt. In Konflikten mit Kollegen in der Senioreneinrichtung oder in der Verunsicherung bei der Personaleinsatzplanung können Quellen von Überforderung liegen. Probleme im Umgang mit den Senioren sind dagegen selten. In der Regel konnten die Schwierigkeiten in den regelmäßigen Qualifizierungsblöcken gelöst werden. Die Fachkraft nimmt in regelmäßigen Abständen an den Dienstbesprechungen der Kooperationspartner teil, um die aktuelle Situation der Teilnehmer zu besprechen.

Hier liegt die besondere Stärke des Projekts. Es ist sichergestellt, dass sowohl Teilnehmer als auch Betrieb zeitnah einen Ansprechpartner in der Lebenshilfe haben, um offene Fragen zu klären: etwa eine intensivere Unterstützung am Arbeitsplatz, Fragen zum Dienstplan oder die Reaktion auf eine Krisensituation.

Die Dokumentation der Entwicklung sowie die Zielplanung und Erfolgskontrolle erfolgt in enger Absprache zwischen der begleitenden Fachkraft des Fachdienstes Betriebliche Integration, der Senioreneinrichtung und der Fachkraft in der Werkstatt.

Der Kontakt zur ursprünglichen BBB-Gruppe bzw. zur Fachkraft in der Werkstatt bleibt erhalten.

Übergang auf einen Dauerarbeitsplatz

Fast alle Teilnehmer/innen fanden nach Abschluss der Maßnahme und der Übergabe ihres Zertifikats einen dauerhaften ausgelagerten Arbeitsplatz in Einrichtungen der Seniorenhilfe. Hierzu schließen die Lebenshilfe Braunschweig und die Senioreneinrichtungen Kooperationsverträge ab, in denen die Höhe der Vergütung, Versicherungsfragen, zuständige Ansprechpartner und die Abgrenzung zur Arbeitnehmerüberlassung geregelt sind.

Die Lebenshilfe strebt nach dem Ende der Maßnahme eine Vermittlung in ein sozialversicherungspflichtiges Arbeitsverhältnis an. Dazu bietet das niedersächsische »Budget für Arbeit« eine gute finanzielle Gestaltungsmöglich-

keit einer Übergangsfinanzierung. Auch nach der Vermittlung übernimmt der Fachdienst Betriebliche Integration die weitergehende Unterstützung der Teilnehmer. Die Finanzierung der Fachleistungsstunden erfolgt im Rahmen des Persönlichen Budgets.

Auf eine Anerkennung der Maßnahme im Sinne des § 66 BbiG wurde zunächst verzichtet. Die Qualifizierung in anerkannte Helferberufe kann aber für einige Teilnehmer durchaus sinnvoll sein. Ob die Vermittlung in ein reguläres Arbeitsverhältnis dadurch deutlich steigt, muss sich im Einzelfall zeigen.

Erfolgreicher erster Durchgang

Eine Auswertung der ersten Qualifizierungsmaßnahme durch die Teilnehmer, die Leitungen und Mitarbeiter der Heime ergab folgendes Resümee:

– Hohes Engagement, große Leistungsbereitschaft der Teilnehmer/innen
– Stärkung des Teamgeistes
– Hohe Identifikation mit der Tätigkeit
– »Normale Arbeit«, gelebte Teilhabe am Arbeitsleben
– Steigerung von Selbstwert, Ansehen, sozialem Status
– Positive Entwicklung der Persönlichkeit
– Lernen vom Kooperationspartner
– »Ich schaff das schon …«: starke Eigenmotivation
– Neun Teilnehmer/innen haben die Qualifizierungsmaßnahme erfolgreich beendet
– »Erst platzieren, dann qualifizieren« war als methodischer Ansatz erfolgreich.

Um all das zu illustrieren, sollen noch ein paar der Beteiligten direkt zu Wort kommen:

Elin Schriever, Heimleiterin: »Für die Praktikanten der Lebenshilfe kann sich durch die Arbeit im Seniorenheim eine positive Entwicklung der eigenen Persönlichkeit ergeben und damit einhergehend Stabilität und eine Perspektive für das Arbeitsleben erfolgen.«

Ingrid Konefka-Franz, Heimleiterin: »Die Teilnehmerinnen sind für das gesamte Team sowie für die Bewohnerinnen und Bewohner eine sehr zuverlässige Unterstützung.«

Johanna Spangenberg, Teilnehmerin: »Ich habe lange Zeit geglaubt, ich werde niemals in der Lage sein, eine Ausbildung zu schaffen. Nicht nur einmal war ich kurz davor, die Ausbildung abzubrechen. Von daher bin ich froh, dass ich bald für den Alltagshelfer qualifiziert bin. Ich bekomme Unterstützung und meine Belastbarkeit hat sich sehr gesteigert. Mit den Bewohnerinnen verstehe ich mich gut. Die Dankbarkeit einiger Bewohnerinnen war für mich immer Bestätigung und Ansporn weiterzuarbeiten.«

Veronica Schulze, Teilnehmerin: »Ich fühle mich auf meinem neuen Arbeitsplatz einfach wohl. Die Bewohner sind dort alle nett. Für mich ist es kein Problem, in Schichten zu arbeiten, sogar an Sonn- und Feiertagen nicht.«

Marcel Bollmann, Teilnehmer: »Ich habe mich sehr gefreut, als die Nachricht kam, dass ich an der Maßnahme teilnehmen könnte. Ich habe in meinem Praktikum viele verschiedene Tätigkeiten kennenlernen können und auch ausgeübt. Frau Janet Grüning und Herr Schumann waren rund um die Uhr für einen da, wenn es Probleme gab. Man konnte den beiden immer alles sagen, sie hatten immer sehr viel Verständnis für unsere Probleme und Sorgen. Es hat mir sehr gefallen, mit den alten Menschen zusammenzuarbeiten.«

Michael Espiritu, Teilnehmer: »Ich habe mich schon immer für eine Tätigkeit nah am Menschen interessiert, konnte mich aber wegen meiner seelischen Behinderung nicht qualifizieren und bin daher sehr dankbar für diese

Chance. Ich fühle mich selbstbewusster, weil mir Verantwortung übertragen wurde, die ich in verschiedenen Arbeitsbereichen selbstständig und in Eigenverantwortung realisieren kann. Insgesamt bin ich sehr zufrieden mit mir und habe die Senioren und meine Kollegen ins Herz geschlossen.«

Resümee und Ausblick

Ist dieses Angebot nun »inklusiv«? Übersetzt man Inklusion mit »*Willkommen sein!*«, so können wir sagen: Ja. Die Rückmeldungen von Teilnehmerinnen und Teilnehmern lassen auf eine hohe Arbeitszufriedenheit in ihrem neuen Tätigkeitsfeld schließen. Verborgene Talente wurden entdeckt und weiterentwickelt. Die Mitarbeiter der Seniorenheime sehen die Beschäftigten als Bereicherung und Entlastung. Die Fachkräfte der Lebenshilfe stehen mit ihrer Assistenz zur Verfügung. Wie immer: So viel wie nötig, so schnell und gut wie möglich. Und manchmal mit offenen Mund: Erstaunt über das, »was geht«.

Alltagshelfer in der Seniorenhilfe« ist ein Angebot mehr auf dem Weg, für Werkstattbeschäftigte neue Wahlmöglichkeiten und Chancenvielfalt zu eröffnen. Derzeit realisiert die Lebenshilfe Braunschweig mit dem Angebot »Helfer im Kindergarten« ein weiteres Konzept dieser Art. Die Qualifizierungsmaßnahme »Alltagshelfer in der Seniorenhilfe« wird sie auch weiterhin anbieten.

Kurz gefasst

Projektname: *»Alltagshelfer in der Seniorenhilfe«*

Projektidee: *Theoretische und praktische Qualifizierung von Werkstatt-beschäftigten im Bereich der Seniorenhilfe; einjährige Qualifizierungsmaßnahme zum Alltagshelfer, Initiierung von ausgelagerten Arbeitsplätzen und Vermittlung in reguläre Arbeitsverhältnisse in Seniorenheimen*

Zielgruppe: *Menschen mit Behinderung im Berufsbildungs- und Arbeitsbereich der WfbM*

Zahl der Teilnehmer/innen: *bisher 22*

Kontaktdaten: *Michael Schumann, Abteilungseiter Fachdienst Betriebliche Integration | Lebenshilfe Braunschweig gemeinnützige GmbH | Kaiserstraße 18 | 38100 Braunschweig | Tel. 0531/47 19-104 | mobil 0152/092 228 14 | Fax 0531/47 19-143 | E-Mail: michael.schumann@lebenshilfe-braunschweig.de |*

Autor des Beitrags: *Michael Schumann*

Inklusive Arbeit? – Arbeiten inklusive!

Gesellschaft für psychosoziale Einrichtungen für Mainz und Umgebung (gpe) GmbH

Mitten im gastronomischen Umfeld der Mainzer Neustadt liegt ein kleines Café, bekannt für seinen selbst gebackenen Kuchen, seinen wunderbaren Milchkaffee und das leckere Mittagessen. Gästen fällt zunächst das schöne Ambiente auf – und dann (vielleicht) das Personal.

Was hat nun dieses Café mit Inklusion zu tun?

Vorweg

Am 13. Dezember 2006 verabschiedete die Generalversammlung der Vereinten Nationen die *Konvention über die Rechte behinderter Menschen.* In deren Artikel 27 erkennen die Vertragsstaaten das Recht von Menschen mit Behinderung an, ihren Lebensunterhalt durch Arbeit zu verdienen, die in einem offenen, integrativen und für Menschen mit Behinderungen zugänglichen Arbeitsmarkt und Arbeitsumfeld frei gewählt oder angenommen wird.

Mit dem Inkrafttreten dieser Konvention gewinnt für Hubert Hüppe, Beauftragter der Bundesregierung für die Belange behinderter Menschen, der Inklusionsbegriff zunehmend mehr Aktualität und Bedeutung. Auf seiner Homepage erklärt er, dass es im Gegensatz zur Integration, die zuvor Ausgeschlossenes wieder einbeziehen will, bei der Inklusion um das Dabeisein von Anfang an gehe. Es müsse bei der Inklusion niemand mehr eingegliedert werden, weil zuvor niemand ausgegliedert worden sei.

Auch in Rheinland-Pfalz soll die UN-Konvention mittels eines Aktionsplans umgesetzt werden. Im Bereich Arbeit ist die Schaffung von Beschäftigungsalternativen zur WfbM vorgesehen. Als Beispiele werden Budget für Arbeit, Außenarbeitsplätze und virtuelle Werkstatt genannt.

Nicht nur in politischen, auch in pädagogischen Ansätzen wird Inklusion als eine Beschäftigung im ersten Arbeitsmarkt verstanden. Prof. Dr. Andreas Hinz von der Universität Halle-Wittenberg schreibt in der Zeitschrift Impulse, Heft 29 / 2006: »Mit der Logik des gestuften Rehabilitationssystems ist inklusive Arbeit unmöglich. Da in dessen Rahmen entsprechend der individuellen Beeinträchtigung … zur entsprechenden rehabilitativen Institution zugewiesen wird, bleibt für Menschen, denen eine schwere Behinderung zugewiesen wird, logischerweise nur eine separierte Situation innerhalb einer Werkstatt für behinderte Menschen …«

Die Frage lautet also: Stellt die Arbeit in einer WfbM zwangsläufig eine separierte Situation dar? Lässt sich Inklusion nur mit einem Arbeitsplatz auf dem ersten Arbeitsmarkt erreichen? Anhand des Beispiels unseres Cafés, dem *Gast Hof Grün,* möchte dieser Beitrag anregen, über eine erweiterte Definition von Inklusion zu diskutieren.

Wie es begann

Bereits 1993 machte man sich bei der *Wohnbau Mainz GmbH,* dem größten Wohnungsanbieter der Stadt, Gedanken über die Realisierung generationenübergreifender Wohnprojekte. 1997 wurde ein geeignetes Grundstück in der Mainzer Neustadt gefunden und 1999 durch die Auslobung eines Wettbewerbes die durchführenden Architekten. 55 Wohnungen wurden in der Folge bis Herbst 2005 für verschiedene Nutzergruppen gebaut: junge Familien, allein erziehende Mütter oder Väter, Menschen mit Behinderung, Singles und Senioren. Ein Gemeinschaftshaus, Gästezimmer, Räume für Homeoffice bzw. Gewerbe und ein Café machen die Wohnanlage *Grüner Hof* komplett. Die Mieter führen in Selbstverwaltung die Vermietung des Gemeinschaftshauses und des Gästezimmers durch. Der Gemeinschaftsraum bietet Platz für Beratungs-, Dienstleistungs-, Freizeit- und Bildungsangebote. Er stellt als »Kommunikationszentrum« einen wichtigen Ort zum Aufbau nachbarschaftlicher Netzwerke dar. Ähnliches gilt auch für den Boule- und den Schachplatz im Park zwischen den Gebäuden.

Für das Café wurden bei der Planung drei Bewirtschaftungsoptionen vor-

gesehen. Es sollte entweder in Eigeninitiative durch die Mieter, durch einen kommerziellen Betreiber oder durch einen sozialen Träger bewirtschaftet werden.

In dieser Phase kam der Kontakt mit uns, der *Gesellschaft für psychosoziale Einrichtungen in Mainz und Umgebung (gpe)* zustande. Die *gpe* hatte im Jahr 2001 das Hotel *INNdependence* als Integrationsbetrieb gegründet. Durch die Qualität des dort angebotenen Lunchbuffets waren die Verantwortlichen in der *Wohnbau Mainz* schnell überzeugt, einen guten Partner gefunden zu haben. Zunächst wurde geprüft, ob ein weiterer Integrationsbetrieb gegründet werden sollte. Aufgrund der vorhandenen Bauauflagen (Betrieb nur bis 20 Uhr, Terrassenbetrieb auf drei Stunden pro Tag beschränkt) und der geringen Anzahl der Sitzplätze (32) im Innenbereich wurde jedoch schnell deutlich, dass die mögliche Ertragsbasis für einen Integrationsbetrieb nicht ausreichend sein würde. So kam es im Sommer 2005 zu der Anfrage an das *ServiceCenter,* der anerkannten Werkstatt für behinderte Menschen innerhalb der *gpe*.

Zu Beginn des Jahres 2005 umfasste das *ServiceCenter* 150 Arbeitsplätze für Menschen mit einer psychischen Behinderung – jeweils 60 davon an zwei benachbarten Standorten in einem Mainzer Gewerbegebiet, 30 weitere Arbeitsplätze in der Hotelküche des Hotels *INNdependence*. Um den Anforderungen des Hotels gerecht zu werden, wurde diese Werkstattabteilung 2002 umstrukturiert und ein Schichtsystem mit Wochenend- und Feiertagsarbeit eingeführt. Im Sommer des Jahres 2005 eröffnete das *ServiceCenter* eine Außenarbeitsgruppe in einem Caritas-Altenheim, um vor Ort die Bewohnerwäsche zu waschen und zu sortieren.

Erfahrungen mit der Führung eines gastronomischen Betriebes als auch

mit einer Außenarbeitsgruppe waren also vorhanden. Insofern stellte die Idee, ein Café zu betreiben, für das Personal des *ServiceCenters* keine ungewöhnliche Anfrage dar. Die Umsetzung einer weiteren Außenarbeitsgruppe war deshalb schnell beschlossene Sache.

Nach der Beantragung und Bewilligung einer Vollkonzession für den Betrieb und die Realisierung eines dafür notwendigen Anbaus an die bereits bestehende Küche konnte der *Gast Hof Grün* am 1. Mai 2006 seinen Betrieb aufnehmen.

Was heute passiert

Der *Gast Hof Grün* ist jährlich an 355 Tagen von 9.00 bzw. 9.30 bis 18.00 Uhr geöffnet. Er bietet Frühstück, an Wochenenden und Feiertagen Brunch, einen Mittagstisch, Kaffee und Kuchen und eine kleine Speisekarte an. Frühstück, Brunch und Mittagstisch werden in Büfettform angeboten. Der *Gast Hof Grün* verfügt über 32 Sitzplätze im Innenbereich und über 40 Sitzplätze im Außenbereich. Von Montag bis Freitag wird der Mittagstisch von der Hotelküche angeliefert. Alles andere, einschließlich Kuchen, wird vor Ort produziert.

Als Teil des Wohnprojektes *Grüner Hof* nimmt der *Gast Hof Grün* an den

Arbeiten im Gast Hof Grün

Maik Fouquet ist 34 Jahre alt. Seit März 2009 arbeitet er im Gast Hof Grün in der Mainzer Neustadt. Sein Arbeitsplatz ist die Küche. »Ich bereite Essen vor, ich backe, mache Obstsalat und bediene die Spülma-  schine. Außerdem räume ich das Büfett ab«, so stellt er seinen Arbeitsplatz vor. Seine tägliche Arbeitszeit liegt im Moment bei vier Stunden, in der Regel am Nachmittag.

Maik Fouquet ist gelernter Altenpflegehelfer. Aufgrund seiner Erkrankung war er arbeitslos und fing später in der Werkstatt an. »Acht Jahre lang habe ich dort gearbeitet, dann wollte ich etwas anderes machen. Ich habe mich hier im Gast Hof Grün beworben und zum Glück haben sie mich genommen.« Was ihm gefällt, ist das Klima in diesem kleinen Restaurantteam. »Zwischenmenschlich muss es für mich passen. Schließlich muss man sich an seinem Arbeitsplatz wohlfühlen. Hier stimmt das Verhältnis zu meiner Anleiterin und auch zu den Kollegen.«

Im Servicebereich möchte er aber nicht arbeiten. »Ich kann mir die ganzen Bestellungen nicht merken. Service ist einfach nicht mein Ding. Trotzdem, hier im Gasthof zu arbeiten, ist schon etwas sehr Besonderes. Ich fühle mich wohl und man hat mir gesagt, ich kann auch hier bleiben.«

Heimlich sehnt sich Maik Fouquet jedoch nach einer Tätigkeit in der Altenpflege zurück: »Dort hat es mir gut gefallen, und, um offen zu sein, in der Werkstatt ist mir der Lohn zu niedrig. Ich bin Kettenraucher und ich brauche auch sonst das ein oder andere. In der Altenpflege verdient man sechsmal so viel, aber ob der Weg dahin zurückgeht, das weiß ich nicht.«

Mieterversammlungen und -feiern teil. Mieter arbeiten bei uns als Aushilfe und sind unsere Gäste, die in besonderer Verbundenheit auch gerne mal einen Ratschlag geben, wie Abläufe besser gestaltet werden können. Weitere Gästegruppen sind Seniorinnen und Senioren aus der Mainzer Neustadt, Studentinnen und Studenten, Mütter mit Kleinkindern, Berufstätige und Menschen, die auf einen Rollstuhl angewiesen sind – das Café ist barrierefrei. Hauptanziehungspunkte sind Brunch und Mittagstisch, hier liegen die Gästezahlen zwischen 30 bis 80 Personen, gefolgt von Kaffee und Kuchen und Frühstück.

Im *Gast Hof Grün* arbeiten 18 Werkstattbeschäftigte, zum Teil in Teilzeit. Weiterhin sechs Aushilfen, vier Auszubildende zur Fachkraft für das Gastgewerbe, vier Fachanleiter/innen in Teilzeit und die Leitung des *Gast Hof Grün* in Vollzeit. Eine übliche Schichtbesetzung sieht wie folgt aus: ein/e Fachanleiter/in, vier Werkstattbeschäftigte, zwei Auszubildende und während der Stoßzeiten eine Aushilfe. Die Fachanleiter/innen arbeiten in zwei sechsstündigen Schichten mit einer halben Stunde Überlappungszeit zwischen 8.00 und 19.30 Uhr. Die Auszubildenden arbeiten Vollzeit, aber versetzt. Die Werkstattbeschäftigten arbeiten je nach Stundenumfang im Schichtbetrieb zwischen 8.00 und 19.00 Uhr. Dabei wechseln alle zwischen Früh- und Spätschicht und den Arbeitsbereichen Küche und Service.

Eine pädagogische Bereichsleitung ist für die Umsetzung der pädagogischen Standards, eine technische Bereichsleitung für die Wirtschaftlichkeit und die Kunden- und Serviceorientierung des *Gast Hof Grün* verantwortlich. Dazu finden regelmäßige Besprechungen der Bereichsleitungen mit der Leiterin des *Gast Hof Grün*, und der Leiterin mit den Fachanleiter/inne/n statt. In einer jährlichen Klausur der Bereichsleitungen, der Leiterin und den Fachanleiter/inne/n werden gemeinsam die Ziele für das jeweilige Jahr erarbeitet. Die Umsetzung der Ziele wird ebenfalls gemeinsam jeweils für ein Quartal geplant und regelmäßig in den Besprechungen überprüft.

Individuelle Bildung für alle

Die Ausgangsqualifikationen der Fachanleiter/innen sind vielfältig: Hauswirtschaftsmeister/in, Hotelfachkraft, Friseur/in, Bürokauffrau und Arzthelfer/in. Als Schichtleitung ist eine Fachanleiterin in der Regel allein und organisiert den kompletten Ablauf im *Gast Hof Grün*. Hierzu zählen die Fachanleitung, eventuelle Kriseninterventionen, die Speisenproduktion, der Service im Gastraum, Warenanlieferung und -verräumung, Beauftragen von Reparaturarbeiten an Geräten, Reinigung und administrative Aufgaben wie Einträge ins Dienstbuch oder Warenbestellung. Entsprechend dieser Vielfalt waren und sind auch die Fortbildungsbedarfe sehr unterschiedlich. Einige Anleiter/innen mussten sich Fähigkeiten in der Unterweisung aneignen, andere Koch- oder Service-Kenntnisse und wieder andere Fähigkeiten in EDV und Organisation. Die personenbezogene Qualifizierung ist deshalb auch Bestandteil der jährlichen Zielplanung. In der Regel führen wir die Fortbildungen selbst als Inhouse-Schulungen im Hotel oder der Hotelküche durch. Pädagogische Inhalte werden ebenfalls intern angeboten. Ergänzend belegen wir entsprechende Fortbildungen bei externen Bildungsanbietern. Der jährliche Fortbildungsumfang liegt im Schnitt bei fünf Tagen pro Fachanleiter/in.

Vielfältig sind auch die beruflichen Vorerfahrungen der Werkstattbeschäftigten. Einige haben studiert, andere haben keinen Schulabschluss. Einige haben bereits langjährig im gastronomischen Bereich gearbeitet, andere noch nie. Einige kommen aus dem jeweiligen Arbeitsbereich anderer Abteilungen, andere beginnen direkt im integrierten Berufsbildungsbereich des *Gast Hof Grün*. Aufgrund der Besonderheiten des Betriebes besteht auch für die Werkstattbeschäftigten die Anforderung, möglichst viele unterschiedliche Arbeitsinhalte zu erlernen. Die hohe Arbeitsmarktnähe des *Gast Hof Grün* führt zudem zu einer kontinuierlichen Vermittlung in Praktika, Außenarbeitsplätze und zur Vermittlung auf den ersten Arbeitsmarkt mit Hilfe des rheinland-pfälzischen Budgets für Arbeit. Neue, gastronomisch unerfahrene Werkstattbeschäftigte gehören deshalb zum Alltag im *Gast Hof Grün*.

Diesen Rahmenbedingungen für die berufliche Bildung werden wir auch hier durch eine individuelle jährliche Bildungsplanung und durch eine individuelle Umsetzung der Lerneinheiten mit entsprechender Dokumentation gerecht. Die Lerneinheiten werden für die Stunden geplant, an denen zwei Fachanleiter/innen im Dienst sind. Während ein/e Fachanleiter/in, wie bereits dargestellt, als Schichtleitung für den Betrieb des *Gast Hof Grün* zuständig ist, vermittelt die/der andere in der Küche fachpraktische Inhalte oder im separaten Besprechungs- und Gruppenraum Service- oder fachtheoretische Kenntnisse, z.B. Warenkunde oder HACCP (Gefahrenkunde und -abwehr). Die vier Auszubildenden zur Fachkraft im Gastgewerbe werden zusätzlich zu ihrer Tätigkeit im *Gast Hof Grün* in einem besonderen Stütz- und Förderunterricht fachpraktisch und fachtheoretisch vom Personal des Hotels *INNdependence* geschult. Zu Beginn der Ausbildung erfolgte eine Bildungsplanung, welche Inhalte aus dem Ausbildungsrahmenplan vor Ort im *Gast Hof Grün,* welche im Stütz- und Förderunterricht und welche im Hotel vermittelt werden können und sollen. Die Umsetzung der festgelegten Inhalte für den *Gast Hof Grün* wird wöchentlich geplant und entsprechend dokumentiert.

Die Beschäftigten anleiten und begleiten

Neben der zielgerichteten Qualifizierung mit festgelegten zu vermittelnden Inhalten ist die tägliche Anleitung und Begleitung aller Beschäftigten (Werkstattbeschäftigte, Auszubildende und Aushilfen) die Hauptaufgabe der Leitung in einer Schicht. Eine gewohnte Tätigkeit für Fachanleiter/innen in Werkstätten, die aber im *Gast Hof Grün* einige Besonderheiten aufweist:

– Die unterschiedlichen Anforderungen müssen klar kommuniziert und erfüllt werden. Eine Aushilfe darf nicht ähnliche Motivationshilfen wie eine Auszubildende erwarten, sondern sie wird dort eingeteilt, wo sie gerade dringend benötigt wird – oft ist das die Spülmaschine. Andererseits darf der Auszubildende nicht den gleichen Pausen-Umfang wie ein Werkstattbeschäftigter erwarten. Sein Arbeitstempo muss er an das Tempo der Fachanleiter/in anpassen und nicht an das Tempo von motorisch eingeschränkten Werkstattbeschäftigten.

– Der kleine gastronomische Betrieb lässt keine Spezialisierung in Service und Küche zu. Alle Fachanleiter/innen müssen alles können, entsprechend flach verläuft die Lernkurve. Sie leiten damit als selbst noch Lernende andere an, die zum Teil in diesem Bereich bereits spezielle Kenntnisse haben. Dies führt zu einem anderen Lernklima, das mehr gemeinsames und voneinander Lernen zulässt.

– Die gesetzten Standards – z.B. immer einen selbst gebackenen Keks zum Milchkaffee oder immer ein Glas Wasser zum Espresso – müssen trotz Schichtbetrieb und damit verbundener wechselnder Besetzung von allen gleich eingehalten werden. Deshalb wurden sehr schnell Checklisten über die Standards und die Aufgabenverteilung des Früh- und des Spätdienstes erstellt. Mit diesen Checklisten arbeitet dann die komplette Schicht, indem z.B. eine Werkstattbeschäftigte die einlaminierte Checkliste erhält, wie das Frühstücksbüfett aufgebaut werden muss.

Im Gespräch bleiben

Die Anlaufschwierigkeiten des Betriebes führten zu einer hohen Unzufriedenheit der Werkstattbeschäftigten. Als Gegenmaßnahme wurde ein vierzehntägiges Treffens aller Werkstattbeschäftigten mit der pädagogischen Bereichsleitung – und bei Bedarf mit der Leitung des *Gast Hof Grün* – eingerichtet. In den Sitzungen sammelten die Beschäftigen ihre Kritikpunkte und erarbeiteten Lösungsvorschläge, die sie dann mit der Leiterin diskutierten. Allen wurde dadurch klar, welche Rahmenbedingungen sich ändern ließen und welche eben nicht (z.B. die Größe der Küche). Diese Beteiligungsform brachte für uns überraschend konstruktive Vorschläge und trug aus unserer heutigen Sicht zur hohen Identifikation der Werkstattbeschäftigten, zu einem konstruktiven Betriebsklima und damit maßgeblich zum Erfolg des *Gast Hof Grün* bei. Diese Treffen finden bis heute weiter regelmäßig statt und wurden aufgrund der positiven Erfahrungen auch in anderen Abteilungen eingeführt.

Arbeiten inklusive

Der *Gast Hof Grün* ist in Mainz und Umgebung sehr bekannt und steht für eine gute Dienstleistung. Diesem Ruf haben wir weitere Anfragen nach Bewirtschaftung von Kantinen, Schulen u.a. zu verdanken. Wir haben erlebt, wie sich Menschen entwickeln können, wenn ihnen etwas zugetraut wird und sie Verantwortung übernehmen können und müssen.

Deutlich ist aufgrund unserer Erfahrung allerdings auch, dass nur bestimmte Menschen in diesem Bereich arbeiten können, nämlich Menschen, die mit räumlicher Enge und dem typisch gastronomischen Wechsel zwischen Langeweile und einem voll besetzten Haus zurechtkommen; Menschen, die gerne mit Essen und Service zu tun haben und Fachanleiter/innen, die gerne mehr Verantwortung übernehmen und gestalten wollen, und die in einer Krise einen kühlen Kopf bewahren, wenn sich z.B. eine Werkstattbeschäftigte/r wegen Liebeskummer in der Personaltoilette eingeschlossen hat und das Mittagsgeschäft trotzdem laufen muss.

Richtig ist auch, dass der Betrieb von Außenarbeitsgruppen für jede Organisation einen erhöhten Aufwand darstellt. Dezentralität und Vielfältigkeit zeitigen strukturelle Herausforderungen, etwa was den Informationsfluss, die Entscheidungsorte und Entscheidungswege anbelangt. Warum haben wir uns damals trotzdem dafür entschieden, welche Vorteile wiegen auch aus heutiger Sicht schwerer als der Aufwand?

Im *Gast Hof Grün* handelt es sich um sozialraumorientierte Arbeitsplätze im Dienstleistungsbereich. Das bedeutet im Einzelnen:

- Das Café ist Bestandteil der generationenübergreifenden Wohnanlage *Grüner Hof.* Werkstattarbeitsplätze tragen damit zur Attraktivität der Wohnanlage bei.

– Es ist kein Sondercafé von Behinderten für Behinderte, sondern ein Café im gastronomischen Wettbewerb in der Mainzer Neustadt (auch wenn Menschen mit Behinderung gerne als Gäste kommen).

– Die Anforderungen aus dem Café-Betrieb sind für die Beschäftigten direkt erlebbar. Vieles muss vor Ort, oft direkt für den Kunden und den Betriebsablauf geregelt werden. Der Entscheidungsspielraum, auch für die Werkstattbeschäftigten, wird größer. Direkt erlebbare Kundenzufriedenheit stellt die Belohnung für eigene Anstrengung dar und motiviert, sich weiter anzustrengen.

– Es sind attraktive Arbeitsplätze, weil das Café ein schönes Ambiente hat. Entsprechend werden die Arbeitsplätze positiv bewertet.

– Für den Gast ist oft nicht erkennbar, wer Auszubildender, Aushilfe oder Werkstattbeschäftigte / r ist. Dies stellt einen enormen Anreiz für unsere Beschäftigten dar. Die Identifikation mit dem Arbeitsplatz fällt den Werkstattbeschäftigten leichter. Man arbeitet im *Gast Hof Grün* und eben nicht in »der Werkstatt«.

– Erfahrene Werkstattbeschäftigte arbeiten neue Aushilfen, neue Auszubildende oder neue Werkstattbeschäftigte mit ein (wo steht was, welche Tasse für welches Getränk?) und damit zieht ein weiteres Stück reale Arbeitswelt ein.

– Im beruflichen Alltag ist der Status der Beschäftigung nicht mehr das Ausschlaggebende, Rollengrenzen werden durchlässig. Hinter den Begriffen wie Werkstattbeschäftigte, Aushilfen, Auszubildende, Fachanleiter / innen verbergen sich viele andere mögliche Begriffe: Migrantinnen und Migranten, Wiedereinsteiger / innen, Student / inn / en, Nachbarn, Männer, Frauen, ungelernte Kräfte, qualifizierte Kräfte, junge Menschen, alte Menschen usw. Der Arbeitsalltag ist also nicht geprägt von der Unterscheidung in zwei Teilgruppen: behinderte Beschäftigte und nicht behinderte Beschäftigte. Mit wem wird der türkischstämmige psychisch erkrankte Werkstattbeschäftigte im mittleren Alter mit einem abgeschlossenen Studium eher seine Mittagspause verbringen? Mit dem türkischstämmigen Auszubildenden, der studentischen Aushilfskraft oder der polnischstämmigen psychisch kranken Werkstattbeschäftigen mittleren Alters? Die Arbeitsbedingungen sind für die Fachanleiter/innen, die Auszubildenden, die Aushilfen und die Werkstattbeschäftigten im *Gast Hof Grün* sehr ähnlich. Sie führen zur kollegialen Verbundenheit und zur Identifikation mit der Arbeitsstelle und nicht mit der Berufsrolle »Fachanleiter« oder »Werkstattbeschäftigter«.

Ausblick

Ausgehend von den dargestellten Erfahrungen haben wir unsere mittlerweile 240 Werkstattarbeitsplätze auf acht Standorte in Mainz und Umgebung verteilt. Hinzu kommen 15 Plätze für den ambulanten Berufsbildungsbereich bzw. einzelne Außenarbeitsplätze in Betrieben. Besonderen Wert legen wir darauf, dass öffentliche Gelder für die Werkstatt einen positiven Beitrag zur Entwicklung des Gemeinwesens leisten. Wir stellen fest, dass durch die Dezentralisierung nicht behinderte Menschen mühelos nebenbei in Kontakt mit behinderten Menschen kommen und diese nicht als Objekt einer nötigen Zuwendung, sondern als im Rahmen ihrer Möglichkeiten kompetente Dienstleister bzw. Kollegen erleben. Behinderte Menschen kommen umgekehrt mühelos in Kontakt mit nicht behinderten Menschen und erleben diese als Kunden bzw. Kollegen. Unsere Werkstattbeschäftigten haben ihre Arbeitsplätze nicht in einem großen separierten Gebäude auf der grünen Wiese, sondern arbeiten überwiegend in kleinen überschaubaren Einheiten mitten im Gemeinwesen mit allen damit verbundenen Anforderungen sowie Vor- und Nachteilen.

Das Bild einer Werkstatt für Menschen mit Behinderung verändert sich, weil ein Werkstattarbeitsplatz eben auch so wie im *Gast Hof Grün* aussehen kann und in vielen anderen Orten bei anderen Werkstätten auch so aussieht. Für uns ist so verstandene Werkstattarbeit kein Widerspruch zum Inklusionsgedanken. Wir sind überzeugt, unsere Werkstatt im Sinne der UN-Konvention weiterentwickelt zu haben und weiterentwickeln zu können.

Kurz gefasst

Projektname: *Gast Hof Grün des Service Center der gpe*

Projektidee: *Werkstattmitarbeiter/innen betreiben ein Café/Bistro*

Zielgruppe: *Menschen mit psychischer Behinderung im Berufsbildungs- und Arbeitsbereich der WfbM*

Träger: *Gesellschaft für psychosoziale Einrichtungen, Mainz gGmbH*

Zahl der beschäftigten Werkstattmitarbeiter/innen: *aktuell 18*

Autorin des Beitrags und Kontaktperson: *Regina Seibel-Schnell, Geschäftsbereichsleiterin*

Kontaktdaten: *gpe | Galileo-Galilei-Straße 9a | 55129 Mainz | Tel. 06131/669 40 10 | E-Mail: regina.seibel-schnell@gpe-mainz.de | www.gpe-mainz.de |*

»Der Mensch wünscht sich oft in eine andere Rolle.«

Die Theaterwerkstatt Thikwa der Nordberliner Werkgemeinschaft (nbw) gGmbH

»Die Kunst, die verfolgte, findet überall eine Freistatt;
Erfand doch Dädalus, eingeschlossen im Labyrinthe,
die Flügel, die ihn oben hinaus in die Luft emporhoben.«

Ludwig van Beethoven, Briefe

Sichtweisen

1990 wurde der Verein »Thikwa e.V.« (hebräisch: Hoffnung) mit dem Ziel gegründet, die gemeinsame künstlerische Arbeit von Menschen mit und ohne Behinderung – besonders im darstellerischen Bereich – zu fördern. Damals war Thikwa ein Freizeitprojekt im Umfeld eines Jugendwerkheimes (eine Zwischenstufe zwischen Sonderschule und Werkstatt für behinderte Menschen). Diese Einrichtungen wurden mittlerweile aufgelöst. Bis 1994 war die künstlerische Arbeit von behinderten Menschen vor allem autodidaktisch und spontan, nicht professionalisiert und eher als Freizeitgestaltung – wenngleich mit künstlerischem Anspruch – angelegt.

Die Probleme dieser Konstruktion waren erheblich:

– keine verlässliche Finanzierung,

– geringe Verbindlichkeit aufgrund fehlender Strukturen,

– Leben »von der Hand in den Mund«.

1994 entstanden die ersten Kontakte zwischen Thikwa und der nbw gGmbH, einem jungen, erst 1993 gegründeten Träger von Werkstätten für behinderte Menschen, der in den Ostberliner Bezirken Pankow und Marzahn-Hellersdorf aktiv war.

Zwei Sichtweisen galt es zu verknüpfen:

Wie ist der Theaterbetrieb zu professionalisieren und zu stabilisieren? (Thikwa)

Und: Kann »Theater« ein Arbeitsfeld einer Werkstatt für behinderte Menschen sein, das in die weitgehend normierte und gesetzlich geregelte WfbM integriert wird? (nbw)

Ohne die Unterstützung des Bundesministeriums für Gesundheit, das von 1995 bis 1997 einen Modellversuch finanzierte, wäre diese Verknüpfung wohl nicht gelungen und hätte auch kaum die Wirkung entfalten können, die das Projekt inzwischen hat.

Dieses Modellprojekt erprobte die künstlerische Förderung und Qualifizierung für Menschen mit Behinderung im Rahmen einer Werkstatt – mit zwei entscheidenden Erfahrungen:

1. Die Herstellung von und die Auseinandersetzung mit Kunst sind relevante Arbeitsfelder für behinderte Menschen.
2. Innerhalb einer WfbM ist eine künstlerische Werkstatt als Ganztagsangebot realisierbar.

Künstlerisches Arbeiten stand lange Zeit den üblichen Auftragsarbeiten der Werkstätten konträr gegenüber. Die behinderten Menschen wurden – notwendigerweise – überwiegend zur Ausführung von meist monotonen Arbeitsabläufen eingesetzt und trainiert. Dies zumindest war der übliche Standard – und die Sichtweise der 1994/95 beteiligten Behörden. Zunehmend veränderte sich jedoch diese Sichtweise – und daran hat sicherlich Thikwa, neben der sich verändernden Industriestruktur in Deutschland, einen wichtigen Anteil.

Mit dem Modellversuch startete ein Pilotprojekt für Werkstätten in Deutschland: es erprobte die Möglichkeit, ganztägig, also mindestens 35 Stunden in der Woche, Kunst zu produzieren – und das kontinuierlich Jahr für Jahr. Damit grenzte sich das Projekt von einer Praxis ab, die künstlerische Arbeit als begleitendes Angebot zum Ausgleich für überwiegend gleichförmige Tätigkeiten begriff, wie es in vielen Einrichtungen üblich war. Durch die Kooperation wurde gelernt Regelungen und kontrollierende Strukturen der Werkstatt auf die künstlerischen Prozesse zu übertragen und durchaus zu schätzen. Denn das oft kritisierte Berichtswesen – ganz sicher ein Kontrollinstrument – erwies sich im Laufe der Jahre vor allem als ein bemerkenswertes Instrument der Selbstkontrolle und als strukturierende Hilfe, besonders bei den komplexen künstlerischen Prozessen. Der Auftrag der Förderung und Ausbildung von behinderten Menschen – für die Werkstatt selbstverständlich – war von Thikwa ebenfalls ausdrücklich gewollt.

Natürlich wurden »die Künstler« oft als »Nichtsnutze« verkannt. Das Vorurteil »wir arbeiten und die spielen« war nicht nur bei der öffentlichen Verwaltung in Berlin anzutreffen, sondern auch bei Beschäftigten und Mitarbeitern der nbw. Die Künstler waren damals Außenseiter. Der Betrieb der Theaterwerkstatt Thikwa galt als chaotisch – und war es manchmal auch. Der Verweis auf die Leistung von 70 Aufführungen in einem Jahr mit insgesamt fünf Premieren, plus Gastspielen im Ausland sowie zwei Ausstellungen (z.B. im Jahr 2007) kann die Kritiker widerlegen.

Nach drei Jahren Modellprojekt mit lockerer Kooperation ist seit 1998 die Theaterwerkstatt Thikwa eine Abteilung der nbw und wird in Kooperation mit dem Theater Thikwa e.V. betrieben.

Ziele/Konzept

1998 war von »Inklusion« noch nicht die Rede, man sprach vom »Normalisierungsprinzip« und von »Integration«. Meine Gedanken von damals und heute, meine Leitidee bei allem Handeln – als langjähriger Geschäftsführer der Lebenshilfe Berlin, Geschäftsführer der nbw und in anderen Funktionen – waren und sind: Vielfältige Angebote organisieren, Wahlmöglichkeiten eröffnen, beraten bei der Wahl, Unterstützung bei der Realisierung.

In dieser Vielfalt der unterschiedlichen Arbeitsangebote bei der nbw, einschließlich zweier Integrationsunternehmen, ist die Theaterwerkstatt Thikwa ein Baustein – und zwar ein wichtiger. Behinderte und nicht behinderte Schauspieler, Tänzer, Regisseure und andere Künstler werden in diesem gemeinsamen Projekt zusammengeführt. Die Werkstatt arbeitet mit zahlreichen künstlerischen Gattungen: Schauspiel, Tanz, Musik, Handwerk, Grafik,

Malerei, Plastik, die sich wechselseitig aufeinander beziehen. Damit ist ein erstes Grundprinzip der Ausbildungs- und Arbeitsweisen genannt, nämlich eine ganzheitliche Ausrichtung, die sich durch den Transfer zwischen den künstlerischen Disziplinen verwirklicht.

Mit der Förderung/Ausbildung künstlerischer Fertigkeiten vermitteln sich zugleich allgemeine Kompetenzen, die die Beteiligten befähigen, auch in anderen Arbeitsfeldern tätig zu sein. Allerdings müssen die tätigen Personen dabei eigene Ziele entwickeln. Die künstlerische Auseinandersetzung und die gestalterischen Ideen können nicht per Auftrag durch einen Gruppenleiter hergestellt werden. Das Interesse, die Neugierde und die Lust am Experimentieren muss jeder Beschäftigte selbst mitbringen oder entwickeln. Bei all dem wird nach einem dialogischen Prinzip vorgegangen und nicht ein festgelegter curricularer Fächerkatalog »abgearbeitet«.

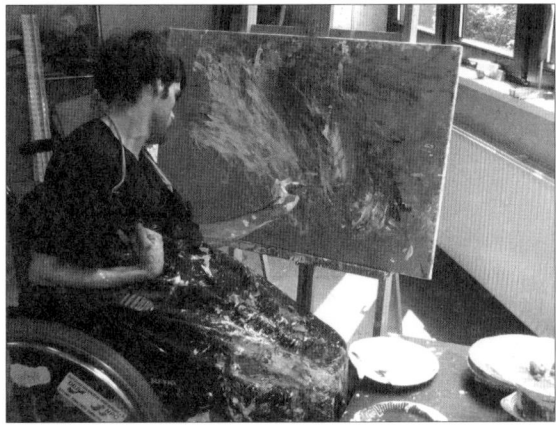

Die Beschäftigten finden ihre Ausdrucksformen bei der künstlerischen Tätigkeit, in der Bewegung, dem szenischen Spiel, im Tanz, musikalisch oder bei der Bearbeitung bestimmter Materialien. Diese Vorgänge sind über längere Zeiträume vom Spielen und Herumprobieren gekennzeichnet und werden von der eigenen Neugierde und der Lust an den Varianten vorangetrieben. Über alle Arbeitsergebnisse sowie über die sich entwickelnden Prozesse wird gesprochen und diskutiert bzw. arbeiten die Anleitenden in den jeweiligen Disziplinen selbst mit und geben damit Anregung und Spiegelung. Das kann im morgendlichen Körpertraining stattfinden, das auf Körperwahrnehmung, Lockerung und Beherrschung zielt. Oder beim Malen und Zeichnen auf unterschiedlichen Bildträgern (Papier/Leinwand), bei der thematischen Improvisation oder Grundübungen für das Karate, wo Krafteinsatz und Konzentration wesentlich sind. Die Betonung liegt mehr auf dem »Mitmachen« im Dialog und nicht so sehr auf dem Vormachen, das dann »richtig« nachgemacht werden soll.

Die Arbeitsweisen und Förderungen sind stets individuell, dennoch haben sich natürlich Grundstandards herausgebildet. Kunst ist also nicht nur Chaos, sondern benötigt einen Grundkonsens, der im Übrigen nicht nur für darstellerische oder bildnerische, sondern auch für handwerkliche Prozesse gilt. Dazu gehören:

Verabredungen	:	Einhalten, verstehen
Abläufe (Prozesse)	:	Beobachten, sich dazu verhalten
Präzisionen	:	Erarbeiten, Wiederholbarkeit herstellen, erkennen
Intentionalität	:	Entwickeln

Auch aus dem Schauspieltraining lassen sind Grundelemente auf andere Bereiche übertragen. Einige, nicht vollständige Beispiele:

Beziehungen zum eigenen und dem anderen Körper:
– ihn im Raum erleben (dynamisch), sich positionieren (statisch)
– das Hören – musikalisch – akustische Signale
– Intensität (Dosierung) – Kraftausübung
– Spannung – Lockerung – Lösung
– Präsenz – sich zeigen, einen Ausdruck hervorbringen
– Impulsen folgen – Impulse geben
– die Schulung der Sprache – Stimme – Gesang, die Stimme als Ausdruck der Persönlichkeit
– Kommunikation und Interaktion:
  Distanz – Nähe
  Dialoge – Informationen
– Selbsterfahrung – Einzel- und Gruppengespräche

Weitere Ausbildungselemente sind:
- –Vermittlung von kulturellen Angeboten – Kunst- und Theatergeschichte – Kostüm – Literatur
- – Musikförderungen – Ausstellungen – Besuch von Veranstaltungen
- – Umgang mit Werkzeugen – Feinmotorik
- – Umgang mit und Einsatz von Material
- – Haushaltsführung und Ordnungsdienste für die Theaterwerkstatt und das Theater.

Das Konzept zielt nicht darauf, »große Künstler zu kreieren«. Die Entwicklung zum Künstler wird nicht nur durch seine Ausbildung bestimmt, sondern auch durch die öffentliche Rezeption seiner Produkte/Objekte/Inszenierungen und dem, was eine Person selbst in diesem Dialog verfolgt. Wir begleiten Prozesse der Bearbeitung von Material, der Entwicklung von Körpergestus durch ein sich wiederholendes Training, wir stehen im Dialog mit den Menschen und achten darauf, ob unsere Anforderungen an sie angemessen und zu bewältigen oder auch über- oder unterfordernd sind.

In der prozessorientierten Zusammenarbeit werden dem Einzelnen Erprobungen, Experimente, Fehler zugestanden und die Personen entwickeln für sich Erfahrungsrepertoire. Für die Bühnenauftritte gilt, dass ein Beschäftigter mindestens ein Jahr bei Thikwa gewesen sein muss, bis er seinen ersten Auftritt bekommt. Die ersten Auftritte sind dann in der Regel einfache und kleine Bühnenaufgaben wie: einmal über die Bühne gehen, etwas reichen, einen Satz sagen, in einer chorischen Situation auftreten.

Im bildnerischen und handwerklichen Bereich dauert die Entwicklung bis zu einer ersten Ausstellung meist länger, da ja nicht »nur eine kleine Arbeit«

gezeigt werden kann. Hierin unterscheiden sich der darstellende und der bildnerische Bereich deutlich.

Die Besonderheit der Theaterwerkstatt liegt in der Ensemble-Arbeit im Gegensatz zu den eher in Einzelarbeit erstellten Werken im bildnerisch/ handwerklichen Bereich.

Ohne Ausdauer und Kontinuität ist diese Form der Arbeit kaum möglich. Die jeweils individuelle Entwicklung jedes Einzelnen zu unterstützen, ist eine wesentliche Aufgabe, die Zeit und Einfühlungsvermögen erfordert, insbesondere im ersten Jahres nach Eintritt in die Thikwa-Werkstatt oder bei großen Krisen einzelner Beschäftigter.

Natürlich verlaufen die Entwicklungen nicht ausschließlich progressiv, es gibt Stillstände und massive Regressionen. In der Regel werden mit dem Beschäftigten jedoch immer wieder neue Entwicklungsschritte möglich und Stagnationen oder Rückschritte können überwunden werden. Manche allerdings wechseln auch in einen anderen Werkstattbereich. Erfreulich war bisher, dass niemand Schwierigkeiten hatte, sich in andere Arbeitsaufgaben einzufinden.

Einsichten

»Kunst ist schön, macht aber viel Arbeit.«

Karl Valentin

Zurzeit arbeiten in der Theaterwerkstatt Thikwa 20 Beschäftigte mit sehr unterschiedlichen (geistigen, psychischen, körperlichen) Behinderungen. Die Aufnahme erfolgt wie jede Aufnahme in eine Werkstatt für behinderte Menschen, also: Eingangsverfahren, Berufsbildungsbereich, Arbeitsbereich.

Wesentliche Voraussetzung für eine Aufnahme in der Theaterwerkstatt – ein deutlicher Unterschied – ist ein Praktikum von mindestens zwei Wochen vor Einleitung des Eingangsverfahrens. Dabei muss das Interesse der Person für künstlerische Arbeiten überhaupt und an der Besonderheit dieser Werkstatt deutlich werden. Wir schauen nicht nach einer großen Begabung, was soll da schon festzustellen sein? Aber natürlich gibt es so etwas wie Eignung-

»Ich fühle mich lebendig.«

Deniz Kurtulan hat ihr Leben verändert. »Früher habe ich Teile montiert,
Schrauben verpackt und T-Shirts einge-
tütet. Jetzt erhalte ich Schauspielunter-
richt und male Bilder.« Die junge Frau
hat ihr Hobby zum Beruf gemacht. Der
Hinweis auf das Theater Thikwa kam
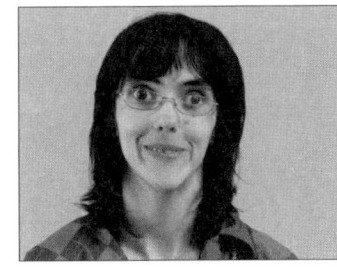
von ihrem Wohnbetreuer, der wusste, dass sie ausgezeichnet malte
und gerne Theater spielte. »Ich hatte von Thikwa noch nichts gehört. Aber ich wollte mich immer schon weiterentwickeln und hab
mich sofort angemeldet. Ich durfte ein Praktikum machen und dann
bin ich gleich dageblieben. In meine alte Werkstatt wollte ich überhaupt nicht mehr zurück.«

Die Werkstatt mochte sie auch, sagt sie, hatte dort ihre Arbeit
und ihre Freunde. Rückblickend fühlt sie sich aber heute sehr viel
freier: »Bei Thikwa werde ich durch das intensive Atem- und Körpertraining locker. Ich spüre eine Leichtigkeit, ich fühle mich lebendig. Ich kann ausdrücken, was ich fühle und was ich denke.«

Im November 2010 hat sie ihre erste Premiere. Regisseur Gerd
Hartmann probt das Stück »Sturzflug – Lachforschung mit Texten
von Karl Valentin«, an dem behinderte und nicht behinderte Schauspieler beteiligt sind. Deniz Kurtulan ist dabei.

Genauso wichtig wie das Schauspiel ist ihr die Möglichkeit, ihr
Maltalent zu entfalten. Das Thikwa-Konzept sieht vor, dass sich die
Schauspieler auch bildnerisch ausdrücken. »Hier kann ich das tun«,
sagt sie, »was ich immer schon gern getan habe und was ich gut
kann. Ich werde gefordert.« Und noch etwas ist ihr wichtig: »Schauspiel ist Teamarbeit. Ich arbeite sehr intensiv mit meinen Kollegen
zusammen, kann Freundschaften knüpfen und Freundschaften pflegen.«

Zur Premiere werden wohl die Mitbewohner aus ihrer Wohngruppe kommen. Deniz Kurtulan wird aufgeregt sein. Aber schon jetzt weiß sie: »Die Anspannung vergisst man und hinterher ist man stolz.«

Kann sich jemand in einer Situation verhalten? Will er sich zeigen? Wie organisiert er seine bildnerischen Arbeiten? Wie reagiert er auf Rückmeldungen und Anregungen? Gibt es Neugierde? Das sind die ausschlaggebenden Kriterien. Natürlich spielt auch eine Rolle, wie der Bewerber ins Ensemble passt und von den anderen akzeptiert wird. Empathie und Sympathie sind für Ensemble-Arbeiten wichtig.

Die Sicht aufs Geld

Die Theaterwerkstatt Thikwa wird zwar als Abteilung der nbw betrieben, hat aber ein »eigenes Gesicht« und aufgrund der komplexen Struktur auch eine besondere Finanzierung. Klar war von vornherein, dass die Vergütungen an die Werkstatt keinesfalls alle Kosten, insbesondere die von Theaterproduktionen und Aufführungen, würden decken können. Der Finanzierungsbedarf des Gesamtkomplexes betrug im Jahr 2009 ca. 350 000 Euro. Die Einnahmen aus Vergütungen betrugen etwa 200 000 Euro, die folgendermaßen verwendet wurden:

Personalkosten: Gruppenleiter, künstlerische Anleitung, Honorarkräfte für Ausbildung, Miete für den Betrieb der Theaterwerkstatt – nicht für das

Theater!, Kosten für Verwaltung, Sozialarbeiter etc. Als Basisförderungszuschuss der Berliner Senatsverwaltung für Kultur standen 90 000 Euro zur Verfügung. Diese Basisförderung wird jeweils für zwei Jahre gewährt und ist nicht garantiert!

Schon aus diesen Zahlen ergibt sich, dass es notwendig ist, jährlich ca. 60 000 Euro an Drittmitteln (Stiftungen, Spenden) einzuwerben, um insbesondere die Produktionskosten für Aufführungen – das ist ja die Krönung der Arbeit – finanzieren zu können.

Wie bei allen Kunstprojekten (wenige etablierte Künstler mögen dabei Ausnahmen bilden) ist auch die Theaterwerkstatt Thikwa kein »finanzieller Selbstläufer«. Sie kann nur (über)leben, wenn es weiterhin gelingt, über die finanzielle Grundausstattung der WfbM hinaus die Öffentlichkeit (Politik, Verwaltung, Zuschauer, engagierte Bürger) für das Projekt zu begeistern und ideelles und finanzielles Engagement zu organisieren. Dies ist gemeinsame Aufgabe von nbw und Thikwa.

Das komplexe System dieser Netzwerkarbeit zeigt das Organigramm:

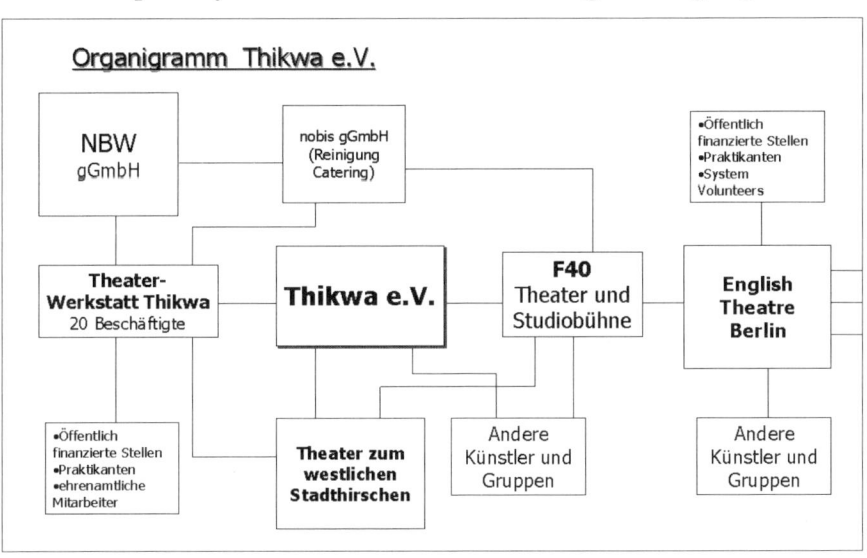

Lange Jahre arbeitete die Theaterwerkstatt ohne eine eigene Spielstätte. Für alle Aufführungen mussten mit großem Aufwand Theater gefunden werden, die – gegen entsprechende Mietkosten – bereit waren, ihre Spielstätte zur Verfügung zu stellen. Dies war kompliziert und Kräfte zehrend und ließ keine verlässliche, langfristige Spielplangestaltung zu. Die Marke »Thikwa« konnte deshalb im großen Berliner Kulturbetrieb nicht angemessen platziert werden. Die »Wende« kam 2008. Mit Unterstützung des Berliner Senats und der Stiftung Deutsche Klassenlotterie Berlin wurde durch einen Umbau in den Mühlenhaupt-Höfen in Berlin-Kreuzberg die erste tatsächlich barrierefreie Spielstätte in Deutschland fertiggestellt. Barrierefreie Zuschauerplätze gibt es in manchem Theater (meist zu wenig), an barrierefreie Möglichkeiten für die Schauspieler wurde bisher nicht gedacht.

Aber mit Thikwa alleine ein Haus an 365 Tagen im Jahr betreiben? Die Antwort war eine weitere Kooperation, nämlich mit dem English Theatre Berlin (ETB), und eine weitere Premiere: die organisierte Nutzung eines Hauses durch zwei Theater – ein Novum, nicht nur für Berlin. Nun gibt es also in den Mühlenhaupt-Höfen in der Fidicinstraße 40 ein großes Haus mit 140 Zuschauerplätzen und eine Studiobühne mit ca. 60 Plätzen. Namensgeber ist der Kreuzberger Milieu-Maler Kurt Mühlenhaupt (1921-2006), der dort zusammen mit seiner Frau einen Ort der Begegnung für Künstler und Handwerker im Kreuzberger Kiez installierte. Die Begegnungen mit den dort ansässigen Ateliers von Künstlern und Handwerkern waren freundlich und produktiv. Unsere leisen Befürchtungen in Bezug auf die Akzeptanz waren gänzlich überflüssig. Die Kontakte gestalteten sich erfreulich und unterstützend.

Allerdings hat eine gute Idee auch Folgen: Spielpläne, Raumnutzungspläne, Probenpläne, Werbung, Konzeptionen, Einsatz von technischem Personal, Kasse, Künstlergarderoben, Getränkeverkauf, Reinigung, Einsatz von Bühnentechnikern usw. sind nunmehr in Abstimmung mit dem Partner (ETB) zu organisieren. Das alles ist nicht frei von Auseinandersetzungen, aber es vergrößert das Netzwerk: Der Betrieb der Bar wird von einem Integrationsunternehmen der nbw – der nobis gGmbH – ebenso organisiert wie die Reinigung der Räume.

Mit der Möglichkeit, ein eigenes Theater betreiben zu können, hat sich auch die Kooperation mit anderen Berliner Theatern, die Entwicklung gemeinsamer Inszenierungen intensiviert. Das war ja schon immer unsere Idee: Nicht nur Menschen mit Behinderungen auf die Bühne zu bringen, sondern Produktionen, an denen behinderte und nicht behinderte Schauspieler und Musiker mitwirken, als selbstverständlich zu organisieren.

Qualifikation der Anleiter und Trainer

Die anleitenden und trainierenden Mitarbeiter – mit Ausnahme der Gruppenleiter in Arbeits- bzw. Honorarverhältnissen mit Thikwa – haben alle eine interdisziplinäre Qualifizierung. Sie sind Schauspieler, Regisseure oder Tänzer/Choreografen, haben eine pädagogische Zusatzqualifikation oder Unterrichtserfahrung in anderen Tanz-/Schauspielschulen. Manche haben auch eine geisteswissenschaftliche Basis (Theaterwissenschaft, Germanistik, Philosophie u.a.m.) oder eine Ausbildung als Maler oder Bildhauer.

Für alle ist wichtig, dass sie bereit sind, interdisziplinär zu arbeiten und Verknüpfungen mit anderen Disziplinen zu suchen. Sie müssen fähig sein, einerseits handwerklich-künstlerisches Können zu vermitteln, andererseits den Einzelnen individuell auf dem Weg seiner Suche zu begleiten.

Akquisition

Thikwa hat sich inzwischen in Berlin und Deutschland und durch eine Vielzahl von Gastspielen auch darüber hinaus einen guten Ruf erarbeitet. Eine Folge ist, dass wir deutlich mehr Interessenten haben, als wir aufgrund der räumlichen Bedingungen aufnehmen können. Aktive Akquisitionsbemühungen unterbleiben deshalb.

Ansichten

»Das Theater ist die tätige Reflexion des Menschen über sich selbst.«

Novalis, Fragmente

Wie sehen die Beteiligten ihre Arbeit? Einige Zitate sollen das illustrieren:

»Ich bin hauptsächlich Schauspieler, nebensächlich sammle ich Eindrücke, male und zeichne.«

»Vorher war ich Maler in einer Werkstatt, da sieht man das Ergebnis bei der Abnahme der Arbeiten, als Schauspieler ist der Beifall die Vollendung, er ist die Abnahme.«

»Der Mensch wünscht sich oft in eine andere Rolle, weil er sich in seiner Rolle nicht wohlfühlt.«

»Ich bin befreiter. Vorher wurde mir nie zugehört, meine Arbeit war immer wichtiger als ich. Hier kann ich alles langsam auf mich zukommen lassen. Ich lerne, wie ich funktioniere und was ich mit meinem Körper machen kann. Ich habe gelernt, auf meinen Körper zu hören.«

»Hier werde ich als Person gesehen und wie ich mich fühle. Ich bin Schauspielerin und viele Schauspieler verdienen mehr Geld. Das möchte ich auch.«

»Ich bin Schauspielerin. Hier habe ich Zeit, mich zu besinnen und meine innere Ordnung wird hergestellt. Ich kann mich mit mir selbst auseinandersetzen. Schauspielerei ist eine wunderbare Art, die Dinge zu verstehen.«

»Thikwa ist normaler als andere Theater. Es gibt weniger Streit und Neid.«

Rosa von Praunheim an die Regisseurin von »Brennendes Pferd«, Elfi Mikesch: »Ein zauberhafter Abend ... ganz einfach und so eindringlich. Thorsten Holzapfel so konzentriert und genau – herrlich, der ältere Mann mit den großartigen Gesten, die dicke vorsichtige Frau, die wunderbaren Gesänge und die überragende Musik ... Warum ist das Leben kein ewiger Tanz?«

Rosa von Praunheim (Filmregisseur, Buchautor und Schauspieler) sagt mit seiner Begeisterung über die Eindringlichkeit des Spiels etwas über die Qualität der Schauspieler aus. Die »überragende Musik« wurde live gespielt und komponiert von dem Thikwa-Beschäftigten Vincent Martinez und Andreas Wolter, einem freischaffenden Musiker.

Aussichten

>»Ein fester Aufenthalt war vorteilhafter,
>sowohl für ihren Ruf als ihre Einnahme.«
>
>*Shakespeare, Hamlet*

Thikwa und das English Theatre Berlin haben ihre Kooperation programmatisch beschrieben: »Wir folgen mit unserer künstlerischen Arbeit gesellschaftlichen Fragestellungen und versuchen, dort Antworten und Anstöße zu geben, wo unsere Schwerpunkte liegen: im integrativen Bereich und dort, wo Fragen nach der Gewichtung der Fremdsprache immer stärker werden. Diese beiden Bereiche überschneiden sich auf überraschend fruchtbare Weise! Die Ansätze Integration und Muttersprache versus Fremdsprache leisten einen Beitrag, Kluften zwischen Menschen und Ländern zu überwinden.«

Die Theaterarbeit von Thikwa befasst sich mit dem Anderen, dem Fremden, dem anderen Körper und dem Gegenüber, mit Fragen der Integration und Desintegration und des sich Behauptens des Anderen und Fremden. Daraus resultiert die Auseinandersetzung mit Identität und Fremdheit bis hin zu Fremdheitsgefühlen der eigenen Seele. Insofern wird diese Zusammenarbeit weiterhin große Bedeutung haben. Darüber hinaus werden bisher höchst erfolgreiche Koproduktionen mit anderen Berliner Theatern, Gastspiele – auch internationale – in der Spielstätte F40 neben der Entwicklung von Eigenproduktionen und eigenen Gastspielen weiter dafür sorgen, dass Thikwa ein Theater »auf Augenhöhe« ist und nicht nur utopisches Wunschdenken.

Längst haben Menschen mit Handicaps bewiesen, dass sie in verschiedenen darstellerischen, bildnerischen oder musikalischen Kunstgattungen dauerhaft künstlerische Qualität schaffen können. Die künstlerische Arbeit von Menschen mit Behinderung ist etabliert, wenn sie den Anspruch erfüllt, berührende, inspirierende, aufklärende und auch unterhaltende Stücke auf die Bühne zu bringen. Es geht nicht darum, behinderte Menschen auf der Bühne zu sehen. Es geht darum, behinderten Menschen die Möglichkeit zu geben, diese Kunst auf eine besondere Art und mit besonderer Qualität herzustellen.

Die Theaterwerkstatt Thikwa wird deshalb im Laufe des Jahres 2010 neue Räume mit deutlich besseren Voraussetzungen beziehen, die Platzzahl (geplant sind mindestens 30 Plätze) zu erweitern und damit mehr Menschen mit Behinderung die Möglichkeit künstlerischer Betätigung zu geben. In der Verbreiterung der personellen Basis unserer behinderten Künstler werden wir unseren Spielplan noch attraktiver gestalten können.

Weiterhin wird aber die wirtschaftliche Tragfähigkeit des Projekts und damit das Projekt insgesamt davon abhängen, dass

– die Förderung der Senatsverwaltung für Kultur erhalten bleibt,
– die Qualität so gut ist, dass die Zuschauer das Theater füllen,
– es gelingt, ausreichend Drittmittel einzuwerben, um Produktionen und Aufführungen realisieren zu können.

Das heißt konkret: Inklusion ist kein »Selbstläufer«, sondern muss täglich und ausdauernd erarbeitet werden.

Mein besonderer Dank gilt der künstlerischen Leiterin des Theaters Thikwa, Gerlinde Altenmüller, ihren Mitarbeiterinnen und Mitarbeitern und dem Abteilungsleiter der Theaterwerkstatt Peter Brutschin. Ohne ihre Kompetenz und ohne ihr Engagement würde das Projekt nicht so lebendig sein, wie es ist. Ohne die Mitarbeit von Frau Altenmüller wäre auch dieser Beitrag nicht entstanden.

Kurz gefasst

Projektname: *Theater Thikwa e.V., Werkstatt für Kunst und Theater, Spielstätte F40*

Projektidee: *Professionalisierung künstlerischer Arbeit von Menschen mit Behinderung*

Zielgruppe: *Menschen mit unterschiedlichen Behinderungen im Berufsbildungs- und Arbeitsbereich der WfbM*

Träger: *nbw gGmbH und Kooperation Theater Thikwa e.V.*

Zahl der Beschäftigten: *bisher 20; ab 2011: 40*

Kontaktperson: *Gerlinde Altenmüller (Theater Thikwa), Peter Brutschin (Werkstatt)*

Kontaktdaten: *Thikwa-Werkstatt für Kunst und Theater und Theater Thikwa | Fidicinstraße 3 | 10965 Berlin | Tel. 030/695 050 920 | E-Mail: info@thikwa.de | www.thikwa.de |*

Autor des Beitrags: *Helmut Forner*

UN-Konvention: Entwicklungsmotor oder Etikettenschwindel?

Welche Auswirkungen hat die UN-Behindertenrechtskonvention auf die Weiterentwicklung der beruflichen Teilhabe in Deutschland? Wird sie zu einschneidenden Gesetzesänderungen führen? Dient sie Politik und Verwaltung eventuell nur als willkommener Vorwand für Einsparungen? Welche Änderungen zeichnen sich insbesondere für das Werkstattsystem ab? Wie können sich die Einrichtungen auf die Veränderungen einstellen? Über diese Themen diskutierte Dr. Jochen Walter, Vorstand der Stiftung Pfennigparade, im Juni 2010 in Frankfurt mit den Geschäftsführern von drei Bundesarbeitsgemeinschaften: Stephan Hirsch von der BAG WfbM, Anton Senner von der BAG Integrationsfirmen und Jörg Bungart von der BAG Unterstützte Beschäftigung.

Dr. Jochen Walter   Stephan Hirsch   Anton Senner   Jörg Bungart

Dr. J. Walter: Wie beurteilen Ihre Bundesarbeitsgemeinschaften die UN-Behindertenrechtskonvention und die darin enthaltene Idee der Inklusion? Bringt sie tatsächlich eine Weiterentwicklung? Kommt es zum viel beschworenen Paradigmenwechsel oder ist das alles vielleicht nur ein Etikettenschwindel?

A. Senner: Grundsätzlich finden wir die Ideen, die in der UN-Konvention enthalten sind, gut und richtig und teilen sie uneingeschränkt. Es geht darum, dass die Teilnahme an allen Bereichen des gesellschaftlichen Lebens möglichst barrierefrei und frei zugänglich sein soll. Im Bezug auf die berufliche Teilhabe ist es ein bisschen weicher formuliert. Dort wird vom offenen Arbeitsmarkt gesprochen. Es steht nichts darin vom Recht auf Arbeit und welche Art von Arbeit es sein muss. Aber auch da können wir uns gut dahinterstellen. Wir denken, unterschiedliche Menschen mit unterschiedlichen Voraussetzungen brauchen auch unterschiedliche Arbeitsangebote. Wir verstehen es so, dass dies nicht nur Leitlinien sind, sondern dass es durch die Ratifizierung auch eine rechtliche Fundierung gibt. Insofern ist es eine Richtschnur des politischen und verwaltungsmäßigen Handelns und etwas, das auch uns als Träger oder als Einrichtungen fordert.

J. Bungart: Das kann ich unterstützen. Die Behindertenrechtskonvention bekommt eine ganz andere Öffentlichkeitswirksamkeit als beispielsweise das SGB IX, bei dessen Verabschiedung vor zehn Jahren auch schon vom Paradigmenwechsel gesprochen wurde. Ich wünsche mir, dass möglichst wenig rechtlich erstritten werden muss, dass möglichst viel durch Einsicht, guten Willen und innovative Kraft von allen Beteiligten umgesetzt wird und dass der Etikettenschwindel nicht eintritt. Zuallererst müssen wir uns heute die Frage beantworten: Wo stehen wir überhaupt? Wie offen und wie bereit sind wir insgesamt für Inklusion in der Gesellschaft? Da geht es nicht nur um die Sondersysteme, die wir noch haben, sondern es geht auch um die allgemeinen Systeme Bildung, Arbeit, Wohnen usw. Dort müssen wir den Fokus setzen, wenn wir über Inklusion reden und es ernst nehmen. Dort müssen wir über Inklusionsfähigkeit diskutieren.

S. Hirsch: Auf die Frage »Teilen Sie die Idee der Inklusion?« lässt sich nur mit »Ja!« antworten. Jede andere Antwort gleicht der Blasphemie, sie wäre zumindest politisch nicht korrekt. Natürlich teilt auch unsere Bundesarbeitsgemeinschaft die Idee der Inklusion, genauso wie alle anderen auch. Was wir aber nicht teilen, ist der »Hype«, der um diese Idee gemacht wird. Bei der Klärung des Begriffs Inclusion geht es für mich um die Frage, ob es um die Fokussierung auf einen Normbereich geht oder vielmehr um die Idee der Vielfalt? Auch der Begriff des Paradigmenwechsels war nichts Neues. Er wurde 2001 bei der Einführung des SGB IX in ähnlicher Weise gefeiert, wie wir heute den Begriff der Inklusion feiern oder wie wir in den 1980ern den Begriff der Integration oder in den 1970ern die Hilfe zur Selbsthilfe gefeiert haben. Das Ansinnen der Behindertenrechtskonvention ist vorher auch schon von andere Konventionen verschriftlicht worden. Alle diese inklusiven Setzungen sind gültig, aber im Bewusstsein der Gesellschaft hat sich nichts großartig geändert. Insofern teile ich nicht die Euphorie, sondern ich sehe die Diskussionen eher kritisch: Derzeit wird alles mit dem Kamm der Inklusion gebürstet, damit es als inklusiv daherkommen kann und geschluckt werden muss. So leicht will ich mich da von der Politik nicht durchfärben lassen. Deswegen fände ich es wichtig, dass wir da noch einmal genauer hingucken: Was heißt dieser Begriff eigentlich?

Dr. J. Walter: Ja, das versuchen wir nun, wobei ich anmerken möchte: Ich finde schon, dass wir in den vergangenen dreißig Jahren durchaus eine Bewusstseinsveränderung in der Gesellschaft zum Thema behinderte Menschen gehabt haben.

S. Hirsch: Ganz eindeutig. Jedoch ist dies nicht in der epischen Breite erfolgt, wie das bei jeder Rechtsänderung propagiert wurde. Irgendwann ist allen dann die Luft ausgegangen. Vielleicht wurde am Anfang zu viel gejubelt. Anschließend fehlte dann die Kraft, das Recht auch umzusetzen.

Welche Konsequenzen hat die Inklusionsdebatte für die Einrichtungen der beruflichen Teilhabe?

Dr. J. Walter: Was bedeutet das für Einrichtungen der beruflichen Teilhabe? Braucht man sie unter dem Aspekt der Inklusionsdebatte und UN-Konvention überhaupt noch? Wie müssen sie sich verändern?

S. Hirsch: Sicher werden sich die Einrichtungen der beruflichen Teilhabe entwickeln. In diesem Bereich hat sich bereits enorm viel verändert. Behinderte Menschen und ihre Angehörigen haben heute zum Glück ein höheres Selbstbewusstsein. Der behinderte Mensch sieht sich nicht mehr als »Betreuter«, sondern mehr als Nutzer von Dienstleistungen. Es ist selbstverständlicher geworden, eine Unterstützung in Anspruch zu nehmen. Dieses Selbstbewusstsein findet sich auch in der Behindertenrechtskonvention wieder. Deswegen sage ich ganz klar: Ja, Einrichtungen müssen sich ändern und zwar dahingehend, dass die Normen, die bestimmen, wie diese Einrichtungen zu laufen haben, sich ändern müssen. Es ist mir zum Beispiel nicht verständlich, wie man eine Wohngruppe wohnlich gestalten will, wenn eine Brandschutzverordnung vorgibt, wo ein Feuerlöscher hängen muss. Auch in meinem Wohnzimmer hängt kein Feuerlöscher an der Wand. Da muss man wirklich mal an die Rechtsnormen heran. Ich sehe da einen ganz großen Entwicklungsbedarf im Bereich der Einrichtungen.

J. Bungart: Für mich ist die UN-Konvention ein Prüfstein für Einrichtungen. Jede Einrichtung hat jetzt eine gute Chance sich zu fragen: »Wie weit sind wir in Richtung Öffnung gekommen?« und kann die Konvention als Prüfstein nutzen. Leider hat sich insgesamt noch wenig entwickelt. Einige Einrichtungen haben sich schon in den Sozialraum geöffnet, aber viele tun sich noch schwer damit, auch intern. In dem Zusammenhang beobachte ich oft eine Abwehrreaktion nach dem Motto: ›Das machen wir doch schon‹. Sehr schnell wird ein Etikett draufgeklebt: Das ist hier alles schon inklusiv. Schulen werden umdefiniert, sind nicht mehr Sonderschulen oder Förderschulen, heißen einfach anders. Eine Einrichtung muss sich am Bedarf von Menschen mit Behinderungen und deren Eltern und Angehörigen weiterentwickeln. Das ist der Maßstab.

A. Senner: Ich möchte das gerne noch ein wenig konkreter fassen. Neben den Werkstätten haben wir in der beruflichen Teilhabe im Wesentlichen berufliche Trainingszentren, Berufsbildungswerke und Berufsförderungswerke und die RPK-Einrichtungen. Da wird eine gute fachliche Ausbildung und Qualifizierung betrieben und die sind auch weiterhin notwendig, wenn man den Standard erhalten will. Das wird ein Kampf sein, weil in der Inklusionsdebatte Einrichtungen, die als stationär gelten, von Auflösung bedroht sind. Andererseits agieren sie wegen ihrer Größe oft überregional und stellen nur ein gewisses Spektrum an Ausbildungsmöglichkeiten zur Verfügung. In diesen beiden Aspekten – regionale Nähe zum Menschen und Breite der Ausbildungsmöglichkeiten – ist noch ein erheblicher Entwicklungsbedarf. Es müssen also mehr Angebote entwickelt werden, die personennah angesiedelt sind. Das ist dann wahrscheinlich nur betrieblich zu organisieren, weil man nicht überall diese Einrichtungen aufbauen kann. Insofern sind die Einrichtungen gefordert, sich weiter zu entwickeln, Gutes zu bewahren, aber auch Neues anzubieten. Das kann in Kooperation mit Partnern aus der Wirtschaft oder anderen Qualifizierungspartnern sein und möglichst in der Breite der beruflichen Angebote.

Wie wird sich Inklusion unter dem Zwang zum Sparen entwickeln?

Dr. J. Walter: Wie wird sich Ihrer Meinung nach die Umsetzung des Inklusionsparadigmas in den nächsten fünf Jahren entwickeln, auch angesichts der Knappheit der öffentlichen Hand? Sind die Leistungsträger »Inklusionsscheinheilige« und missbrauchen das Modell lediglich zu Einsparungen?

J. Bungart: Die Leistungsträger sagen ganz offen: Wir wollen und müssen sparen. Diese Diskussion gab es schon im Zusammenhang mit dem persönlichen Budget: Wir wollen einerseits mehr Selbstbestimmung und Wahlmöglichkeiten – das nehme ich ihnen auch ab –, aber wir wollen auch einsparen. Da bin ich für eine transparente Diskussion, damit Einsparungen nicht über die Hintertür eingeführt werden und wir als Interessenvertretungen gar nicht an alternativen Modellen beteiligt sind. Wir sehen das gerade an den Bund-Länder-Diskussionen. Wir sind nicht an den Arbeitsgruppen beteiligt, wo es um finanzielle Fragen geht. Es besteht die Gefahr, dass damit Sparmodelle im negativen Sinne verbunden sind, Modelle mit niedrigen Qualitätsstandards. Wir wollen die Fachlichkeit einbringen, wollen aber auch an der Gesamtdiskussion beteiligt werden, nicht nur an einem Ausschnitt.

S. Hirsch: Ich sehe das genauso. Wir werden im Sozialbereich weiterhin Einschnitte erleben. Der Abbau des Sozialstaates ist in vollem Gange. Nun werden bei der Bundesagentur mit der Umwandlung der Pflicht- in Ermessensleistungen weitere Pflöcke eingeschlagen. Ich bin mir sicher, dass die berufliche Rehabilitation noch weitere Aderlässe erleben wird. Sehr dramatisch mussten das schon die Berufsförderungswerke erleben. Das Inklusionsparadigma droht angesichts der finanziellen Einschnitte hinfortgespült zu werden. Dann wird es sich ebenso erledigen, wie sich die anderen sogenannten »Paradigmenwechsel« erledigt haben. Wenn wir nicht hilflos zuschauen wollen, brauchen wir neue Modelle.

A. Senner: Ich bin anderer Meinung. Immer mehr Menschen haben Unterstützungsbedarf und der Staat ist in einer prekären Situation. Unsere Schuldensituation – das sage ich als Bürger, der Kinder hat – ist bedrohlich. Ich will meinen Kindern nicht Kosten aufbürden, die ihre Zukunft belasten. Insofern müssen wir Verantwortung übernehmen, indem wir mit den Ressourcen sorgfältig umgehen. Im Moment vertritt sich unser Bereich relativ gut und hat in der Politik eine Lobby, die bewirkt, dass niemand ernsthaft angetastet wird. Wir sind der am besten vernetzte Bereich. Selbst die Rentenfrage in den Werkstätten wird kaum andiskutiert. Der SGB II-Bereich oder die berufliche Bildung mussten dagegen bluten. Aber wir müssen auch die Verantwortung tragen, wenn Personen, mit denen wir auch zu tun haben, im SGB II-Bereich nur ganz schlechte Leistungen erhalten, die noch weiter abgebaut werden. Wir müssen als Träger von Einrichtungen bessere, verschränktere Angebotsformen entwickeln.

S. Hirsch: Auf die Diskussion über die Wertigkeit von SGB II-Leistungen, SGB III-Leistungen oder SGB IX-Leistungen würde ich mich nie einlassen wollen. Denn am Ende dieser Diskussion würde dann die Frage stehen: Was kostet Menschenwürde bzw. wie viel darf Menschenwürde kosten? Ich gebe Ihnen Recht, Herr Senner, die Leistungen sind teilweise ungleich verteilt oder es ist schwer nachvollziehbar, nach welchen Grundsätzen sie verteilt sind. Das ist jedoch keine Frage von Gerechtigkeit, sondern eine Frage der Ungleichheit.

Wie sehen Sie die künftige Bedarfsentwicklung?

Dr. J. Walter: Im nächsten Punkt geht es um die Frage des zukünftigen Bedarfs an Arbeitsplätzen für behinderte Menschen. Wird der Bedarf zunehmen, wird er stagnieren oder abnehmen?

A. Senner: Ich glaube, dass der Bedarf an Arbeitsplätzen steigen wird, zumindest in den nächsten zehn Jahren, im Bereich der psychisch Erkrankten und in anderen Bereichen. Der Inklusionsgedanke wird zudem den Wunsch nach Arbeit außerhalb des Werkstattsystems verstärken. Die beiden Faktoren werden zu einer wachsenden Nachfrage führen. Ob die dann befriedigt wird, ist noch eine andere Sache.

S. Hirsch: Ich erwarte nominell keinen wachsenden Bedarf. Jedoch werden sich die Anforderungen weiter binnendifferenzieren, schon weil die Beeinträchtigungen der Menschen sich verändern. Wir sehen das heute schon bei Menschen mit psychischen Erkrankungen. Die wissenschaftlichen Prognosen deuten darauf hin, dass es nicht mehr bzw. weniger Menschen mit Behinderung geben wird. Jedoch werden häufiger Mehrfachbehinderungen anzutreffen sein, häufiger posttraumatische Behinderungsformen, Komplexformen, so dass sich der Bedarf an Reha-Plätzen sicherlich weiter spezifizieren wird.

J. Bungart: Was wir brauchen, sind verlässliche Zahlen. Das ist immer noch ein Problem unseres sehr zergliederten Systems von Leistungsträgern. Jeder schaut nur in seinem Feld, aber nicht über Schnittstellen hinaus. Eine bessere Datenlage würde nicht alles lösen, aber eine bessere Vorbereitung der Anbieterlandschaft ermöglichen: Wie stelle ich mich auf neue Bedarfe ein? Wir brauchen bei den Anbietern eine hohe Flexibilität. Ich muss vielleicht in Zukunft stärker Angebote für Menschen mit psychischer Belastung machen, bin das aber noch gar nicht gewohnt.

Wie lässt sich die Aufnahmefähigkeit des Arbeitsmarktes erhöhen?

Dr. J. Walter: Wie können wir die Aufnahmefähigkeit des Arbeitsmarktes für diesen Personenkreis erhöhen?

S. Hirsch: Als Arbeitgeber stelle ich die Frage, warum ich einen Arbeitnehmer einstellen soll, der seine Arbeitskosten nicht erwirtschaftet.
Der Anreiz, eine solche Person zu beschäftigten, kann entweder nur darin bestehen, einen finanziellen Ausgleich zu erhalten. Oder die Einstellung verschafft meiner Firma solche Vorteile, die es kompensieren, dass der Mitarbeiter seine Lohnkosten nicht selbst erwirtschaftet. Würde die Beschäftigung behinderter Menschen auch ein Image mit sich bringen, dass das Unternehmen bei Konsumenten als gerecht, fair oder gar sozial angesehen würde, wäre das vielleicht ein Anreiz. Bislang ist es jedoch noch nicht gelungen, solch ein Image zu etablieren. Daher glaube ich, der finanzielle Ausgleich wird mittelfristig mehr Erfolg bringen.

J. Bungart: Nach meiner Erfahrung kann das ein Punkt für mittlere und größere Betriebe sein. Kleinere Betriebe stellen aber einen Großteil der Menschen mit Behinderung ein, weil dort die Zugänge leichter sind.

Viele dieser Betriebe sind durchaus offen für das Thema, oft vor einem persönlichen Erfahrungshintergrund. Die Betriebe brauchen zum einen Ausgleich in Form eines Lohnkostenzuschusses. Zum andern brauchen sie von außen eine Unterstützung, wenn es Schwierigkeiten gibt oder ein Arbeitsplatz wieder neu angepasst werden muss. Das ist zurzeit noch zu wenig gewährleistet, da werden Betriebe ganz oft alleine gelassen. Wir tun immer so, als wenn wir das alles schon hätten. Das haben wir aber noch lange nicht. Wenn wir es hätten, dann kann durchaus mehr gemacht werden. Es hängt sehr stark vom Willen ab und von der systematischen strukturellen Vorgehensweise.

A. Senner: Ich möchte den Blick ein wenig weiter in die Zukunft richten. Aus demografischen Gründen werden wir einen Fachkräftemangel bekommen. Außerdem haben sich durch die Globalisierung bei uns die Lohnkosten verringert. Das vergrößert in Deutschland wieder die Chance auf Einfacharbeit, sowohl im industriellen Bereich, als auch im Bereich der personenbezogenen Dienstleistung, was im Wesentlichen mit der Alterung der Gesellschaft zusammenhängt. Insofern verbessern sich die Chancen von Menschen mit Behinderung auf Arbeit im allgemeinen Arbeitsmarkt. Man muss die Fachkräfte von den Arbeitsanteilen befreien, die keine hohe Qualifikation erfordern. Das ist die Chance, durch Umorganisation Menschen mit Behinderung in Einfacharbeit hineinzubringen.

Wenn man Unternehmer fragt, warum sie keine behinderten Menschen einstellen, dann nennen sie den unzureichenden Minderleistungsausgleich, die fehlende personelle Unterstützung und den Kündigungsschutz. Der Aspekt des Kündigungsschutzes ist ja eigentlich viel zu hoch aufgehängt. Trotzdem muss man das ernst nehmen. Für mich ist das Instrument der Arbeitnehmerüberlassung eine geeignete Antwort. Wenn sie rechtlich so gefasst wird, dass wir es gemeinnützig ausgestalten können, dann können wir den Unternehmen dieses Risiko abnehmen. Ein anderes Umsetzungsmoment sind Integrationsprojekte. Unternehmen sind gewillt, ausgelagerte Arbeit aus Südostasien wieder zurückzuholen, was durch die schnellere Umstellung von Produktionszyklen und die Qualitätssicherung erhebliche Vorteile bringt. Das ist ein Feld für Integrationsfirmen. Hinzu kommt der Bereich der personenbezogenen Dienstleistungen. In beiden sind noch erhebliche Potenziale vorhanden. Darum sehe ich die Aussichten gar nicht so negativ.

Wird es zu Gesetzesänderungen in der Eingliederungshilfe kommen?

Dr. J. Walter: Glauben Sie, dass es in der Folge der UN-Konvention in absehbarer Zeit zu Gesetzesänderungen in der Eingliederungshilfe kommen wird?

J. Bungart: Ich hoffe, dass das, was im Rahmen der Arbeits- und Sozialminister-Konferenz diskutiert wird – berufliches Orientierungsverfahren, Öffnung der Werkstätten – auch umgesetzt wird. Ich halte es für wichtig, dass sich im Übergang Werkstatt – allgemeiner Arbeitsmarkt eine Öffnung vollzieht. Wir haben ja nach wie vor das Monopol der Werkstätten. Diese Monopolstellung verhindert zum Teil, dass Beschäftigte in Werkstätten ein breites Angebot erhalten. Wenn eine Werkstatt nicht will, dann will sie nicht und da passiert dann eben auch nichts. Ich hoffe, dass es in dem Punkt zu Gesetzesänderung kommt, so dass die negativen Auswirkungen der Monopolstellung aufgehoben werden. Gleichzeitig befürworte ich natürlich keine Reduktion der Kostensätze oder der Leistungsstandards. Das heißt, die neuen Anbieter, wenn es denn dazu kommt, müssen ebenfalls die gesetzten Leistungskriterien erfüllen.

A. Senner: Ich glaube, es wird zu Gesetzesänderungen kommen. Leistungen, die bis jetzt an die Werkstatt gebunden sind, werden als Voraussetzungen der Hilfeleistungen an die Person gebunden und von anderen Stellen erbracht werden können. Darüber hinaus wird auch die Sozialversicherung an die Person gebunden. Wahrscheinlich wird das ganze Angebot modularisiert. Die Werkstatt behält eine Sonderstellung, wo sie ein Komplexangebot bereitstellt. Das finde ich auch richtig. Ansonsten geht die Diskussion um fachliche Standards. Wo es also um Modularisierung geht, sollen die Standards nicht unbedingt auf dem Niveau der Werkstatt angesiedelt sein. Für bestimmte Module sind bestimmte Leistungen nicht mehr notwendig und nicht mehr vorgesehen. Da muss man aufpassen, inwieweit abgespeckt werden soll. Voraussetzung für unsere Zustimmung ist, dass die Vergabe nicht über Ausschreibungsverfahren geregelt wird, weil wir dabei erhebliche Qualitätseinbrüche befürchten. Insofern geht es um die Gestaltung des Prozesses, aber es ist fester politischer Wille der Beteiligten, dass es dazu kommen wird.

S. Hirsch: Ich glaube ebenfalls, dass die Rechtsnormen geändert werden. Daher sollten wir uns aktiv in den Prozess einbringen. Wir können nicht jahrelang personengebundene Angebote fordern und dann, wenn sich die Politik auf den Weg macht, diesen blockieren. Was Ausschreibungen betrifft, glaube ich nicht, dass wir sie verhindern werden können. Es wäre auch widersprüchlich, Wunsch- und Wahlfreiheit zu propagieren und gleichzeitig zu fordern, dass der Markt nicht geöffnet wird. Ideal wäre, der behinderte Mensch könnte selbst auswählen. Jedoch sind die Signale der Reha-Träger sehr klar: Wer zahlt, bestellt. So wird der Markt jedoch nicht mehr Teilhabe bringen, sondern letztlich günstigere Preise. Mit allen Folgen für die Qualität. Ich hoffe, dass der politische Wille sich durchsetzen wird, zunächst über die Eingliederungshilfe dauerhaft Arbeitsplätze zu finanzieren und so Alternativen zu schaffen – Stichwort Persönliches Budget für Arbeit oder Budget für Arbeit in Niedersachsen.

Werden sich Werkstätten wandeln müssen?

Dr. J. Walter: Im Zuge der Diskussion, die wir gerade geführt haben, stellt sich die Frage: Werden sich Werkstätten wandeln müssen, wenn ja, in welche Richtung?

A. Senner: Es wird ein starker Veränderungsdruck auf die Werkstätten entstehen. Man kann davon ausgehen, dass es neue Anbieter gibt und dass dadurch Konkurrenz entsteht. Werkstätten werden leistungsfähigere Personen verlieren. Aufträge für die Wirtschaft auszuführen wie bisher, wird schwieriger werden. Dazu werden sich die Kostensätze reduzieren oder sich zumindest nicht weiter erhöhen, der Zwang zur Eigenwirtschaftlichkeit wird steigen. Wenn die Werkstatt weiterhin ein Komplexangebot bieten muss und zuständig ist für den Personenkreis der schwerer Behinderten, die bisher in Tagesförderstätten betreut werden, wird sie versuchen, diese aufzunehmen. Auf der anderen Seite werden Außenarbeitsplätze erheblich zunehmen. Das bedeutet zum einen mehr Inklusion, ist aber auch in betriebswirtschaftlicher Hinsicht attraktiv, weil man bestimmte Angebote kostengünstiger machen kann. Dies wird zudem die Attraktivität erhöhen.

Meine Prognose lautet also, dass Werkstätten künftig eine gute basale Versorgung, aber auch Übergangszenarien in Form von Außenarbeitsplätzen und Integrationsprojekten bereithalten werden, dazu Unterstützte Beschäftigung.

Die Zukunft ist nicht mehr die monolithische Werkstatt, sondern die Ausdifferenzierung. Dann ist da, glaube ich, eine gute Zukunftsfähigkeit gegeben.

J. Bungart: Wir haben jetzt schon Werkstätten, die weitaus mehr bieten als nur Werkstatt: Eine Werkstatt, eine Integrationsfirma, die Maßnahme Unterstütze Beschäftigung, vielleicht einen Integrationsfachdienst. Deswegen kann man das Thema nicht alleine unter den Begriff »Werkstatt«

zusammenfassen. Sie ist oft nur ein Teilbereich. Jede Werkstatt muss schauen: Wo stehe ich da aktuell schon? Wie breit bin ich schon aufgestellt? Das Stichwort Kompetenzzentrum als Strategie hört man nun aus der Werkstattszene bereits sehr deutlich, »… tausendfach, alles unter einem Dach«, wie früher die Quelle. Ich sehe das zwiegespalten und es muss auch nicht die einzige Lösung sein. Man kann auch in Kooperationen mit anderen Anbietern arbeiten. Das hat den Vorteil, dass jeder seine Stärke einbringen kann. Die Frage lautet: Welches Organisationsmodell habe ich und welches Kooperationsmodell fahre ich? Bin ich jemand, der sich komplett aufstellen will? Dann muss ich intern dafür sorgen, dass die einzelnen Abteilungen relative Autonomie haben, damit nicht die stärkste Abteilung bestimmt, in welche Richtung es geht. So etwas kann funktionieren, da gibt es gute Beispiele. Das andere Modell kann aber genauso gut funktionieren: Ich gehe regionale Kooperationen mit anderen Anbietern ein, die bestimmte Schwerpunkte haben und da schon aufgestellt sind. Das muss ich nicht selber noch entwickeln.

Noch etwas zum Stichwort ›Restkategorie‹: Wenn wir über das Thema Inklusion reden, dann dürfen wir niemanden ausschließen. Auch nicht die Person mit sehr hohem oder höchstem Unterstützungsbedarf, die sonst in Tagesförderstätten sind oder in der Förder- und Betreuungsbereichen der Werkstätten. Es ist sicher eine hilfreiche Strategie, vom höchsten Unterstützungsbedarf her zu denken. Da brauchen wir Fachlichkeit und ein kreatives Potenzial, nicht nur wegen der geforderten Einsparungen, sondern auch, wenn wir die Behindertenrechtskonvention ernst nehmen und nicht wollen, dass das nur ein Etikett ist, das irgendwo draufsteht.

S. Hirsch: Ich glaube nicht, dass die sogenannten »Leistungsstarken«, also die Menschen, die angeblich die beste Rendite erwirtschaften, zukünftig scharenweise zu diesen neuen Anbietern wechseln. Schon gar nicht glaube ich, dass infolgedessen die Werkstätten zusammenbrechen.

Werkstätten halten den Versorgungsauftrag qua Delegationsfunktion inne. Eigentlich ist der Reha-Träger verpflichtet, den Rechtsanspruch auf Nachteilsausgleich zu erfüllen. Sofern hierfür Dienste zur Verfügung stehen, soll er diese nutzen. Sofern keine zur Verfügung stehen, kann er eigene installieren. So war das Ansinnen des Gesetzgebers. Vor diesem Hintergrund ist der Begriff des Monopols nicht unbedingt richtig. Er gibt die Rechtssituation nicht korrekt wieder. Das Monopol, wenn überhaupt, liegt beim Reha-Träger.

Werkstätten haben sich in der Vergangenheit stets entwickelt, sie sind immer schon »Lernende Organisationen« gewesen. Daher stellt sich für mich nicht die Frage: Werden Werkstätten sich wandeln müssen?, sondern: Werden Werkstätten sich wandeln *dürfen?* Sicher wird es neue Anbieter geben und mit diesen vielleicht auch mehr Wahlfreiheit und mehr Wettbewerb. Es bleibt die Frage: Darf die Werkstatt die notwendigen Entwicklungsschritte ebenfalls vollziehen? Ich würde mir mehr Wahlfreiheit nicht nur im Sinne der Personenorientierung wünschen, sondern auch im Sinne der Institutionsorientierung. Auch die Institution braucht Raum und den sollte ihr der Gesetzgeber zugestehen. Die geplante Festlegung der Werkstatt auf die Ultima-Ratio-Position sehe ich auch wettbewerbsrechtlich sehr kritisch.

Wenn der neue Rechtssetzungsprozess beginnt, ist es entscheidend, eine Personengruppe nicht zu vergessen, die Herr Bungart schon genannt hat: die heutigen Tagesstättenbesucher. Es gilt, sie vom Besucherstatus in den Beschäftigtenstatus zu führen. Und zwar mit allen Konsequenzen, sowohl für das Betreuungsangebot wie auch für die Unterstützungsleistungen. Da haben wir 15 000 oder 20 000, vielleicht sind es mittlerweile sogar 30 000 Personen, die wir mit diesem Inklusionsgedanken in Beschäftigung bringen könnten.

Dürfen Werkstätten ihr Angebot ausdehnen?

Dr. J. Walter: Ich würde gerne noch einmal die von Herrn Hirsch angesprochenen Gefahren aufgreifen und an Sie beiden die Frage richten, ob Sie das teilen. Es besteht die Gefahr, dass andere Träger Werkstattleistung anbieten können, die Werkstatt sich aber möglicherweise nicht öffnen darf, nicht nicht-behinderte Menschen hineinholen darf. Die Frage sollte also, wie Stephan Hirsch gesagt hat, lauten: Dürfen Werkstätten sich ändern? Dass sie es müssen, scheint ohnehin klar zu sein. Diese Frage also noch einmal an Sie beide, Herr Senner und Herr Bungart.

A. Senner: Die Sozialhilfeträger versuchen, über die Steuerung der Zugangszahlen Budgetpolitik zu machen und das kann die Werkstatt an der Entwicklung hindern. Ich glaube, eine Öffnung der Werkstatt für andere Personengruppen ist von den Leistungsträgern nicht gewollt, weil es zu einer Verschiebung von Kosten bzw. von Leistungen führen kann, wenn eine Werkstatt jemanden aus dem Arbeitsmarktpolitik-Segment aufnimmt und Ressourcen anzapft, die eigentlich als Eingliederungshilfe gedacht waren. Das eine ist kommunal, das andere zentral finanziert. Da gucken sie unheimlich drauf, dass keine gegenseitige Vorteilsnahme geschieht. Die Lösung kann nur darin bestehen, dass ein Träger unter seinem Dach weitere Angebotsformen bietet, die juristisch abgegrenzt sind.

J. Bungart: Noch ein Wort zu Herrn Hirsch: Ich glaube nicht, dass nur die Leistungsträger der Werkstatt zu anderen Anbietern wechseln. Es kriegen diejenigen eine Chance, die motiviert sind. Und das sind nicht unbedingt die Leistungsträger. Die sagen: Es geht mir super hier, ich bin anerkannt und das möchte ich gerne so behalten.

In der Werkstatt arbeiten ausschließlich Menschen mit unterschiedlichen Ausprägungen von Behinderung. Das passt nicht mit dem Inklusionsgedanken zusammen. Sonderschulen oder Werkstätten haben zwar eine hohe Fachlichkeit erreicht, stehen aber immer in der Gefahr, ein geschlossenes System zu bilden. Deshalb müssen sie eine Öffnung hinkriegen. Umgekehrt hat eine inklusive Gesellschaft die Aufgabe, die fachspezifische Unterstützung für eine Person bereitzustellen. Wir hören ja teilweise schon die Stimmen aus der Bundesagentur für Arbeit: Wir machen einfach keine speziellen Maßnahmen mehr für Behinderte. Wir bieten eine Maßnahme für alle an, das ist inklusiv. Wenn wir diese Diskussion führen, dann haben wir wirklich eine scheinheilige Inklusionsdebatte.

Die Werkstatt hat die Aufgabe, sich stärker in der Region zu vernetzen. Stichwort Sozialraumorientierung, das ist der moderne Begriff dafür. Wenn wir über Verbundlösungen nachdenken, dann müssen wir schauen: Wo sind bei den drei Akteuren Werkstattträger, Gesetzgeber und Leistungsträger die Hürden? In jedem Part können Hindernisse, Barrieren aufgebaut sein. Leider sind die Wahlperioden immer so kurz, dass etwas ganz radikal von heute auf morgen umgesetzt werden muss. Warum können wir uns gerade bei so großen Themen wie der Behindertenrechtskonvention nicht endlich leisten, dass sich alle Beteiligten an einen Tisch setzen und gemeinsam planen. Wenn wir das nicht machen, haben wir sehr schnell eine Scheindiskussion und einen Etikettenschwindel.

Entprofessionalisierung durch Inklusion?

Dr. J. Walter: Im nächsten Punkt geht es zum einen um »Entprofessionalisierung«, aber möglicherweise auch um mehr Normalisierung. In der Werkstatt wird eine hohe Fachlichkeit vorgehalten, zum Teil natürlich auch mit einem »Wir wissen, was für dich gut ist«. Meine Frage: Kann durch Inklusion ein Stück Entprofessionalisierung, vielleicht aber auch ein Stück Normalisierung entstehen? Wie betrachten Sie das unter dem Gesichtspunkt der Inklusion, aber auch unter dem finanziellen Gesichtspunkt?

S. Hirsch: Ich finde interessant, dass das Thema Inklusion immer im finanziellen Kontext betrachtet wird. Die Zahl 1:6 oder 1:12 sagt nichts über die Qualität einer Leistung aus. Eine Fachkraft kann auch bei 1:6 eine miserable Leistung erbringen. Betreuungsschlüssel geben Sicherheit. Diese Sicherheit genießt auch der Reha-Träger, weil er weiß: Wo Werkstatt draufsteht, ist Werkstatt drin.

Diese Auffassung ist nach meiner Einschätzung etwas zu eng gefasst. Schon heute haben dauerhaft ausgelagerte Arbeitsplätze eine andere Unterstützungsintensität als ein sogenannter Stammhausarbeitsplatz. Auf Außenarbeitsplätzen besteht zu Anfang ein sehr hoher, später ein degressiver Unterstützungsbedarf. Es stellt sich zu Recht die Frage: Ist für diesen Beschäftigungsplatz die gleiche Kalkulation anzusetzen wie für einen Beschäftigungsplatz im »Stammhaus«. Bislang wird alles mit einem pauschalen Einheitssatz vergütet: Grundpauschale, Maßnahmepauschale, Investitionspauschale. Aus der pauschalen Finanzierungsstruktur soll nun eine individualisierte werden. Das ist eine heikle Aufgabe. Im Moment kalkulieren alle Seiten mit einem Satz pro Tag und Person. Eine echte personenzentrierte Kostenzuordnung ist kaum zu leisten.

J. Bungart: Wenn wir Inklusion ernst nehmen, müssen wir schauen: Wie aufnahmefähig ist die Gesellschaft und was kann der einzelne Bürger leisten? Und wie lässt sich dafür Überzeugungsarbeit leisten? Da gibt es viele verschiedene Ansätze. In der Entprofessionalisierung liegt eine Chance. Viele Dinge, die heute eine entsprechend bezahlte Fachkraft macht, kann auch jemand aus dem Betrieb machen. Professionalisierung bedeutet ja auch, Verantwortung an spezielle Dienste, Dienstleister und Fachkräfte abzugeben. Jetzt geht es darum, so weit es fachlich möglich ist, Verantwortung wieder in die Gesellschaft hineinzuholen. Das setzt also voraus, festzustellen, wo man wirklich fachliches Knowhow braucht, eine Ausbildung und Berufserfahrung. Und wo haben wir Bereiche, wo wir das rückverlagern können?

Und zu den betrieblichen Paten: Es reicht nicht zu sagen, das ist einfach nur ein Arbeitskollege, der das jetzt mal machen kann. Sondern man muss schauen: Hat der Betrieb die Erfahrung, so eine Patenfunktion zu übernehmen, oder finde ich einzelne Personen, die das machen? Hat jemand ein pädagogisches Händchen? Leichter scheint es in einem Ausbildungsbetrieb zu gehen, wo eine bestimmte Anleitungskultur existiert. Das heißt, ich muss gucken, wo ist jemand, der bestimmte Dinge übernehmen kann. Da haben wir schon gewisse Erfahrungen. Unterstützung muss anders organisiert werden, im Zusammenspiel zwischen Paten und Job Coaches. Sie kann zum Teil sicher entprofessionalisiert werden, wir brauchen nicht für alles hoch ausgebildete Leute.

A. Senner: Ich würde nur auf einen Aspekt kommen wollen, weil Sie die Frage gestellt haben: Wie viel fachliche Anleitung braucht berufliche Reha und berufliche Teilhabe? Die Frage ist meines Erachtens falsch gestellt. Richtig muss es heißen: Wie viel Anleitung braucht der Mensch? Es ist sozusagen eine Frage der Bedarfsfeststellung, wenn wir personenzentriert denken. Es muss, meine ich, ein Feststellungsverfahren geben, das im Prozess und nicht mit einmaliger Begutachtung vorgenommen wird und in ein Gesamthilfeplanverfahren eingebunden ist. Da gibt es Modelle in Hessen, in denen die Unterstützungsbedürftigkeit in einem Prozess festgestellt wird. Allerdings ist es sehr aufwendig und man muss schauen, ob man es vereinfachen kann. Aber das wäre für mich das, was zu entwickeln wäre.

Dr. J. Walter: In einer ganz normalen Werkstatt gibt es zumindest einen Förderplan, wo geschaut wird: Wo wollen wir hin? Allerdings ist klar, dass ein Gruppenleiter bei dem einen mehr, bei dem anderen weniger aufwendet.

A. Senner: Dass man in einer Werkstatt pauschaliert, ist auch in Ordnung. Diejenigen, die weniger Bedarf haben, finanzieren die mit, die mehr

Bedarf haben, dann gleicht sich das aus. Aber wenn man die Struktur auflöst, muss es anders gemacht werden. Da muss man sich die Mühe machen, das präziser festzustellen.

Dr. J. Walter: Wenn ein »anderer Anbieter« ins Spiel kommt, ist möglicherweise an einen Betrieb gedacht. Da stellt sich die Frage: Was passiert mit diesem Menschen dort? Was hat er dort für eine Assistenz und Unterstützung?

S. Hirsch: Der Unterstützungsbedarf eines Menschen bleibt in der Integrationsfirma, im Betrieb oder in der Werkstatt erhalten. Er ist personengebunden, weil behinderungsbedingt.

J. Bungart: In integrativer Umgebung findet eine Verselbständigung statt. In den Einrichtungen mit ihrer Rundumversorgung, sei es in Werkstätten, in Sonderschulen oder in Altersheimen, gibt es die Tendenz, sich ein bisschen weniger selber einzubringen, als man das eigentlich tun könnte. Vom System her wird das befördert. Aber natürlich geht der Unterstützungsbedarf auch in der Integration nicht auf Null.

Dr. J. Walter: Ich kenne auch andere Beispiele, etwa von Menschen mit einer Querschnittslähmung. Wenn da nicht immer jemand ist, der ihnen zum Beispiel eine Akte anreicht, sie unterstützt, dann arbeiten sie nicht mehr so anspruchsvoll und so qualifiziert.

J. Bungart: Absolut richtig. Das muss dann aber auch nicht unbedingt jemand mit einer hohen Ausbildung sein. Wir müssen also sehen, wo jemand wirklich eine hohe Fachkompetenz braucht. Wo das nötig ist, lässt sich das im ambulanten Bereich unter dem Stichwort Case Management zusammenzufassen. Auf der betrieblichen Ebene ist das in unserer Terminologie der Job Coach.

S. Hirsch: Wir waren beim Unterstützungsbedarf einer Person, unabhängig von der Institution, in der er begleitet wird. Und diesen Unterstützungsbedarf verliert er auch nicht. Ich frage mich wirklich, wie weit imaginäre Anbieter bereit sind, genau diesen zu erbringen. Der Anbieter wird auch nicht mehr Vergütung erhalten, als vorher der Werkstattträger bekommen hat, ich sage mal 35 Euro am Tag pro Kopf. Zum Thema betriebliche Paten: Solange es rund läuft, sind alle nett zueinander. Wenn jedoch Probleme entstehen, wird die Solidarität der Belegschaft auf harte Proben gestellt. Dann bin ich froh, dass wir die Pädagogen oder die pädagogisch Qualifizierten haben, deren Job es ist, das auszuhalten, das zu verstehen, Entwicklungen zu erkennen, zu begleiten, Prozesse zu verändern und zu ebnen. Das ist mitunter bei so einem betrieblichen Begleiter nicht der Fall.

J. Bungart: Klar, es braucht ja die fachliche Kompetenz eben im Hintergrund, um die Paten, die betrieblichen Mitarbeiter, anzuleiten.

S. Hirsch: Ich sehe das nicht mit der Dramatik, mit der das diskutiert wird. Ob sich die Entwicklung nun tatsächlich so vollzieht, wie sich die Akteure das im Moment vorstellen, weiß ich nicht.

Kann eine Werkstatt auch werkstattähnliche Leistungen erbringen?

Dr. J. Walter: Darf auch eine Werkstatt diese vom Gesetzgeber angestrebten werkstattähnlichen Leistungen anbieten? Wie sieht das aus Ihrer Sicht aus?

J. Bungart: Bei Werkstattträgern, die Integrationsfirmen haben, wird ja schon die Frage gestellt: Steckt da wirklich etwas dahinter oder wird mit den Integrationsfirmen nur gemauschelt? Bei der Unterstützten Beschäftigung durften sich Werkstätten nicht bewerben. Wenn ich als Werkstatt praktisch nur die Werkbank verlängere, dann macht das in meinen Augen keinen Sinn. Es spricht aber überhaupt nichts dagegen, dass Werkstatttträger verschiedene Angebote haben, die eigenständig organisiert sind. Dafür gibt es Beispiele. Ich halte es nicht für sinnvoll, das gesetzlich zu verhindern. Für mich ist die Herausforderung, das eigenständig auf die Beine zu stellen. Es liegen in dieser Konstellation auch Vorteile: Jemand kann leichter zwischen verschiedenen Angeboten wechseln. Unter Qualitätsaspekten muss geschaut werden: Erfüllt die Leistung die Qualitätsstandards und die Zielsetzung?

A. Senner: Wenn es diese Angebote bei anderen Anbietern gibt, dann kann es in zwei Formen geschehen: Als Betriebsabteilung oder in Form eines Dienstes. Ich glaube nicht, dass da Einzelplatzlösungen greifen, und auch nicht, dass sie gefördert werden. Unter dieser Vorstellung würde ich sagen: Das Angebot muss organisatorisch und wirtschaftlich von der Werkstatt getrennt sein, damit der Mensch mit Behinderung eine Alternative hat in seinen Wahlmöglichkeiten. Sonst entscheidet er sich möglicherweise für etwas, was dann später unter dem Aspekt »Trägernotwendigkeit« zusammengeführt wird. Diese Gefahr sehe ich, wenn das einfach eine Nebenstelle wäre, vielleicht auch noch in der Werkstatt angesiedelt. Aber das kann natürlich der gleiche Träger machen. Das wäre sogar zu begrüßen, weil dann die Übergänge leichter zu gestalten sind.

Vision der beruflichen Teilhabe 2020/25

Dr. J. Walter: Wie ist Ihre Vision von der Entwicklung der beruflichen Teilhabe in den nächsten zwanzig Jahren? Wie müsste in Ihren Augen das System der Zukunft aussehen?

S. Hirsch: Die Frage ist doch, ob es uns gelingt, die Trennung zwischen der Werkstatt und den anderen Arbeitsformen in Richtung freier Arbeitsmarkt zu durchbrechen. Mit dem Rentenrecht wurde eine »Dreistunden-Definition« eingeführt. Die Zahl »drei« trennt seither zwischen arbeitnehmerähnlichem Rechtsstatus und Arbeitnehmern. Sie trennt zwischen Erwerbsfähigkeit und voller Erwerbsminderung. So trennen wir sauber zwischen Werkstatt und sogenannten Erwerbsbetrieben. Diese drei Stunden führen letztlich dazu, dass Personen in unterschiedliche Systeme hineingesteckt werden. Mit weitreichenden Folgen: An dem einen Arbeitsplatz sind Ausstattung, Infrastruktur und Maschinen finanziert und an dem anderen Arbeitsplatz müssen sie sich über den Stückpreis refinanzieren.

Wenn wir personenorientiert denken, dürfen wir uns nicht an Institutionen reiben. Dann muss alles konsequent sein: Wir sollten nicht nur Alternativen zur Werkstatt diskutieren, sondern – pardon – auch Alternativen zur Integrationsfirma, zur Unterstützten Beschäftigung, zum Erwerbsbetrieb, zum Berufsbildungswerk, zum Berufsförderungswerk usw. Der Rechtsanspruch auf Teilhabe soll doch unabhängig vom Ort eingelöst werden können. Wenn es uns gelingt, diese Barriere aufzubrechen, wenn also ein echter Mix, eine echte Verzahnung entstehen würde, wenn an allen Orten alle Leistungen erbracht werden können, dann hätten wir Inklusion im Bereich Arbeitsleben erreicht. In die aktuelle Fachdiskussion der Arbeits- und Sozialminister-Konferenz müssten dafür jedoch nicht nur die Kultusministerien, sondern auch die Ansprechpartner im Finanzministerium miteinbezogen werden.

J. Bungart: Ich glaube, es muss gelingen, dass wir die Hürden im System des Leistungszugangs überwinden. Wir haben sehr unterschiedliche Leistungsträger im System. Das macht es immer wieder schwierig, da fallen Leute zwischen die Raster und dann durchs Raster. Es wäre schon eine Vision, künftig nur einen Leistungsträger in der beruflichen Teilhabe zu haben. Das ist so nicht absehbar. Also müssen wir erst einmal schauen, wie die Leistungsträger im Einzelfall besser zusammenarbeiten können.

Ganz viele Jugendliche, behindert oder nicht behindert, sind heute perspektivlos. Denen muss die Gesellschaft etwas anbieten. Wir dürfen aber nicht nur über sozialversicherungspflichtige Verhältnisse nachdenken, sondern insgesamt über Teilhabe. Teilhabe ist der umfassende Begriff. Ich muss eine ganz reale Teilhabechance haben, nur dann reden wir wirklich über eine Personenzentrierung. Wenn die Person nicht wirklich im Mittelpunkt steht, wird sie auch nicht einbezogen. In ganz vielen Bereichen sollte man einfach die behinderten Menschen selber fragen: »Wer will weiter in der Werkstatt sein? Wer will was anderes machen?« Finden da regelmäßige Befragungen statt? Werden denen konkret auch Alternativen aufgezeigt? Da kann man vieles sehr konkret fassen.

A. Senner: Meine Vision ist es, dass behinderte und nicht behinderte Menschen viel mehr miteinander in Kontakt kommen und miteinander arbeiten. Denn wenn die sich nicht kennenlernen, gibt es Stigmatisierungen und Vorurteile. Das erschwert viel im täglichen Miteinander. Das hat mit unmittelbarem Kontakt zu tun und damit, ob jemand ihn konkret erlebt oder nur vermittelt, etwa gelegentlich über die Medien. Das beinhaltet nach meiner Vorstellung auch, dass wir keine Zielgruppen mehr haben. Diese Segmentierung in verschiedene Zielgruppen ist schädlich. Man muss sehen, dass man alle Menschen zusammenbringt. Die Stärke der Werkstatt ist unter anderem ihr Unternehmertum. Die Werkstatt generiert selbst Arbeit, wo andere versuchen, Dritte davon zu überzeugen, dass sie Arbeitsplätze bereitstellen. Und das ist eine Stärke, die noch besser genutzt werden kann: Arbeit zu generieren und an dieser Arbeit behinderte und nicht behinderte Menschen zu beteiligen. Die Kommunen haben das Problem, dass unterschiedlichste Menschen nicht am Berufsleben teilhaben, nicht integriert sind. Und wenn sie einen einzigen Partner haben, der das gut, qualifiziert, mit Kontakten bewegen kann, dann sind sie besser bedient, als wenn sie dafür drei Parallelstrukturen unterhalten. Dann sollten sie den einen finanzieren und der kann möglichst viel auf dem Feld ausrichten, auf dem er ausgewiesen ist. Nach meiner Definition gibt es die Zielgruppen gar nicht mehr. Die geeigneten Strukturen müssen vorhanden sein. So viel gute Struktur wie möglich, so wenig individuelle Assistenz wie notwendig. Das ist für mich die Richtung, in die es gehen kann.

Dieter Basener / Silke Häußler

Bamberg bewegt

Integration in den Arbeitsmarkt:
Eine Region wird aktiv

Im Gespräch

ISBN 978-3-9812235-1-4
160 Seiten, 19,80 Euro

Es gibt eine Alternative zur klassischen Werkstatt!
In Bamberg machen Menschen mit und ohne Behinderung gemeinsam ernst mit der Integration – eine Region wird aktiv.
Das Buch stellt das nachahmenswerte Konzept vor und lässt die Beteiligten zu Wort kommen. Denn: »Bamberg bewegt« sollte kein Einzelfall bleiben.

Dieter Basener

Hamburger Arbeitsassistenz

Das Original der
Unterstützten Beschäftigung

Im Gespräch

ISBN 978-3-9812235-3-8
192 Seiten, 19,80 Euro

Im Jahre 1993 übernahm die Hamburger Arbeitsassistenz aus den USA das Konzept des »Supported Employment« und entwickelte es systematisch weiter. In Gesprächen und lebendigen Praxisberichten zeichnet dieses Buch die Erfahrungen des ersten Fachdienstes für Unterstützte Beschäftigung nach und macht sie so auch für andere Dienste nutzbar. Fazit: Sehr zur Nachahmung empfohlen!

Jochen Walter / Dieter Basener

Werkstätten am Markt
Von der Idee zur Marke

Auf Erfolgskurs

ISBN 978-3-9812235-2-1
168 Seiten
19,80 Euro

Viele Werkstätten für behinderte Menschen nehmen die aktuellen Herausforderungen der Wirtschaftskrise an und stellen ihr Arbeitsangebot auf den
Prüfstand. Neben der traditionellen Auftragsfertigung entwickeln sie nach-
ahmenswerte Ideen zur Vermarktung eigener Produkte und Dienstleistungen.
In diesem Buch schildern acht Werkstätten ausführlich die beispielhafte
Entstehungsgeschichte dieser Angebote, ihre Vorüberlegungen, Analysen
und Vermarktungsstrategien.
Auf dem Weg von der Idee zur eigenen Marke lauern allerdings auch viel-
fältige Gefahren. Falsche Analysen und Fehlplanungen können teuer werden.
So erläutert ein Praxisleitfaden abschließend, was es bei Planung und
Realisierung zu bedenken gilt, und gibt wegweisende Hilfestellung für den
Erfolgskurs.

Folgende Werkstätten stellen ihre Produkte und Dienstleistungen vor:
FAIRWERK, Inntal-Werkstätten / Bergwinkel Imkereibedarf, Gelnhausen /
Das Projekt Rollstuhlwärmesystem NOVOSAN, München / Liebenau Service
GmbH, Meckenbeuren / Union Sozialer Einrichtungen gGmbH, Berlin /
SAMOCCA – Café und Rösterei, Aalen / euvea Freizeit- und Tagungshotel,
Neuerburg, Eifel / »Station 17« und »barner 16« der alsterarbeit gem. GmbH,
Hamburg

Die Herausgeber

Dr. Jochen Walter

Jg. 1960, seit 2002 Vorstand der Stiftung Pfennigparade in München, einer sozialwirtschaftlichen
Unternehmensgruppe in der Behindertenhilfe mit
13 Tochtergesellschaften, ca. 2000 Mitarbeitern und
rd. 100 Mio Gesamterlösen pro Jahr.
Die Unternehmensgruppe betreibt u.a. Kinder-
tageseinrichtungen, vier Schulen, Stationäres und
Ambulantes Wohnen, Pflegedienste, eine WfbM mit
rd. 750 Plätzen, eine Integrationsfirma mit ca. 130
Mitarbeitern, diverse Fördereinrichtungen, spezielle
Reha-Programme (z.B. für spastisch gelähmte Kinder
oder schädel-hirnverletzte Menschen) und eine
medizinisch-therapeutische Ambulanz.

Dieter Basener

Jg. 1951, Verlagsleiter von 53° NORD Agentur und
Verlag, Chefredakteur der Zeitschrift KLARER KURS –
Magazin für berufliche Teilhabe.
Studium der Pädagogik und Psychologie, seit 1981
Tätigkeit in Werkstätten für behinderte Menschen,
zunächst im ostfriesischen Aurich und Norden, seit
1987 bei den Elbe-Werkstätten in Hamburg.
Mitbegründer der Hamburger Arbeitsassistenz, des
Integrationsbetriebes Bergedorfer Impuls und von
EUCREA Deutschland e.V.